Juventude negra e a revolução dos afetos

Juventude negra e a revolução dos afetos

Stephanie Lima

autêntica

Copyright © 2025 Stephanie Pereira de Lima
Copyright desta edição © 2025 Autêntica Editora

Todos os direitos reservados pela Autêntica Editora Ltda. Nenhuma parte desta publicação poderá ser reproduzida, seja por meios mecânicos, eletrônicos, seja via cópia xerográfica, sem a autorização prévia da Editora.

COORDENADORA DA COLEÇÃO
CULTURA NEGRA E IDENTIDADES
Nilma Lino Gomes

CONSELHO EDITORIAL
Marta Araújo (Universidade de Coimbra);
Petronilha Beatriz Gonçalves e Silva (UFSCAR);
Renato Emerson dos Santos (UERJ); Maria Nazareth Soares Fonseca (PUC Minas);
Kabengele Munanga (USP)

EDITORAS RESPONSÁVEIS
Rejane Dias
Cecília Martins

REVISÃO
Mariana Faria

CAPA
Alberto Bittencourt

DIAGRAMAÇÃO
Guilherme Fagundes

Dados Internacionais de Catalogação na Publicação (CIP)
Câmara Brasileira do Livro, SP, Brasil

Lima, Stephanie
  Juventude negra e a revolução dos afetos / Stephanie Lima. -- Belo Horizonte, MG : Autêntica Editora, 2025. -- (Cultura Negra e Identidades)

  Bibliografia
  ISBN 978-65-5928-542-6

  1. Afetividade 2. Ativismo 3. Identidade racial 4. Jovens negros - Brasil 5. Racismo 6. Relações étnico-raciais 7. Resistência I. Título. II. Série.

25-254017   CDD-305.896981

Índices para catálogo sistemático:
1. Brasil : Jovens negros : Relações raciais : Sociologia 305.896981

Eliane de Freitas Leite - Bibliotecária - CRB 8/8415

Belo Horizonte
Rua Carlos Turner, 420
Silveira . 31140-520
Belo Horizonte . MG
Tel.: (55 31) 3465 4500

São Paulo
Av. Paulista, 2.073 . Conjunto Nacional
Horsa I . Salas 404-406 . Bela Vista
01311-940 . São Paulo . SP
Tel.: (55 11) 3034 4468

www.grupoautentica.com.br
SAC: atendimentoleitor@grupoautentica.com.br

Prefácio 9

Introdução 17

Sobre viver 23

Transformando afeto em identidade 29

Tornar-se negro na universidade 29

A construção do *outro*: branquitude e colorismo 45

Encontrando o feminismo negro 57

Cena 1 57

Criando política com(dos) afetos 58

Acolhimento, adoecimento e cura em coletivo 68

"Eu quero entender minha própria história!" 85

Tornando-se intelectual 85

Produzindo conhecimento político 95

Entre *dois mundos* 107

Cena 2 107

Levando a política dos afetos para casa 108

Trazendo a mãe para a universidade 115

Considerações finais 127

Agradecimentos 131

Referências 135

A Felipe Doss (*in memoriam*).
Que na presença e na ausência nos ensinou
que uma parte do mundo não nos quer nele, mas uma
outra grande parte, sim, porque nós somos lindas.

Prefácio

Lúcia Xavier[1]

> *Pode me atirar palavras afiadas,*
> *Dilacerar-me com seu olhar,*
> *Você pode me matar em nome do ódio,*
> *Mas ainda assim, como o ar, eu vou me levantar.*
> Maya Angelou

> *Apesar de...*
> *uma fé há de nos afiançar*
> *de que, mesmo estando nós*
> *entre rochas, não haverá pedra*
> *a nos entupir o caminho.*
> Conceição Evaristo

É com muito prazer que prefacio o estudo produzido por Stephanie Pereira de Lima, a partir de sua tese de doutorado em Ciências Sociais, intitulada *"A gente não é*

---

[1] Ativista e assistente social, tem dedicado sua vida para a efetivação dos direitos e a erradicação do racismo patriarcal cisheteronormativo e todas as formas de discriminação. Cofundadora de Criola, organização de mulheres negras com sede no Rio de Janeiro. É membro do Fórum Nacional do Poder Judiciário para a Equidade Racial (FONAER), da Coordenação de Promoção da Equidade Racial (COOPERA) da Defensoria Pública do Rio de Janeiro (DPRJ).

só negro!": interseccionalidade, experiência e afetos na ação política de negros universitários. Stephanie Lima é uma jovem negra, lésbica, feminista negra, intelectual, que traz para a academia, como parte do processo de seus estudos, suas inquietações e experiências de vida, de alguém que não olhou pela janela os acontecimentos sociais e políticos no período histórico analisado em sua tese. Sua trajetória está marcada por uma forte atuação nos movimentos LGBTQIAP+, jovem e de mulheres negras.

O estudo recorta um momento especial das dinâmicas sociais brasileiras em torno da luta pela ampliação do acesso à educação de nível superior para negros e negras. Destacando elementos cruciais na forma de atuação política e organizativa das juventudes negras para fazer frente à resistência contra a política de cotas nas universidades, por parte de setores da sociedade, em especial da academia. A autora conjuga também outros elementos importantes para a constituição desse sujeito político, atravessado por distintas dimensões identitárias e sociais. E que reivindica, nessa experiência, a radicalidade da luta contra diferentes opressões e o afeto como parte singular de sua humanidade.

Ao ler o estudo surgiram várias indagações sobre minha própria trajetória na universidade, na década de 1980, como uma jovem negra, trabalhadora, filha de empregada doméstica e moradora em um cortiço na Tijuca. O que me levou até a universidade e o que eu já sabia de mim quando entrei lá.

Eu tinha somente algumas certezas de que como uma jovem negra em qualquer ambiente era preciso se proteger das discriminações e cumprir o trajeto desenhado pela minha mãe em seguir estudando. Trajeto desenhado também por diferentes mulheres negras para os seus filhos e filhas, com vistas a reforçar nossos talentos e enfrentar as más condições de vida. Elas queriam/querem outro futuro para nós e lutaram/lutam por ele. Ser a primeira de uma família a entrar na universidade permitiu mudar o curso dos processos econômicos e políticos vividos por mim e pela minha família. Mas, sem sombra de dúvidas, a pessoa que sou já vinha sendo cunhada pela experiência vivida no seio familiar e comunitário.

Em que pese a diferença das trajetórias individuais, a sociedade está sempre em movimento e essas dinâmicas produzem conflitos entre os grupos sociais ampliando ou restringindo a atuação política dos diferentes sujeitos que se lançam na arena pública para fazer valer seus direitos. Em cada fase da vida social, as mudanças das práticas políticas podem ser perceptíveis e compreendidas como únicas para aqueles sujeitos.

Mas a luta contra o racismo sempre exigiu o rompimento com um tipo de análise limitada dos sujeitos que somos; porque essas dimensões estão presentes em nossos corpos, mesmo quando ainda não fazem parte das linguagens e discursos políticos. Daí a riqueza do estudo da autora. Ela retrata essas dinâmicas olhando sobre o prisma da experiência do sujeito em tornar discurso político o vivido sobre o racismo, o sexismo, as LGBTQIAP+fobias e sobre a superação pessoal e política dessas opressões.

Nesse sentido, ao reivindicar para si a condição de sujeito político, a juventude negra cumpre o papel histórico na luta contra as formas de opressão, percurso traçado por séculos pelos movimentos sociais negros e de mulheres negras contra o racismo patriarcal cisheteronormativo. Mas não para por aí. Para conviver nesse ambiente hostil, é preciso se "aquilombar", se proteger e enfrentar as opressões causadas pelas hierarquias dessas dimensões reveladas nesses corpos negros – sexo, gênero, identidades, orientações sexuais, culturas, territorialidades, religiosidades, entre outras.

A presença negra nas universidades fez emergir com maior precisão a necessidade de tratar as intersecções que nos atravessa e nos torna quem somos; portanto, do que acumulamos como sujeitos políticos nos processos de disputas na sociedade. Daí a importância dos coletivos negros universitários, espaços de debates, acolhimento, transformação e de produção de outros desejos e, sobretudo, coragem para romper com a subordinação.

Os movimentos negros e de mulheres negras na contemporaneidade (1970) são a principal voz contra o racismo no Brasil. Composto, desde sua origem, por diferentes grupos da população negra, que cada vez mais são obrigados a enfrentar a violência e as desigualdades. Mesmo isolados e tratados como movimentos desqualificados, esses movimentos traçaram estratégias para o enfrentamento do racismo, da discriminação e das desigualdades raciais. Assim como produziram novos processos de valorização e afirmação das identidades negras para romper com as práticas de subordinação e expropriação da população negra no campo individual, social e político.

Na década de 1980, os movimentos negros e de mulheres negras participaram das mudanças que aconteciam no país, atuando fortemente para avançar na produção de legislações que garantissem a erradicação do racismo, a inclusão, o reconhecimento de sua história e da contribuição para o país e o desenvolvimento da população negra. Apesar de não obterem sucesso na efetivação de uma política reparadora dos males causados pela escravidão, os processos desenvolvidos em torno dessas mudanças levaram a criminalização do racismo e a extensão dos direitos civis, políticos, econômicos, sociais e culturais, e, mais recentemente os ambientais. O marco dessa luta foi a Constituição Federal de 1988, que criminalizou e estendeu a igualdade de direitos para negros no Brasil. Os avanços alcançados nesse período, fruto de longa luta política, transformou os sonhos em lei. E mesmo assim, nem todos os direitos foram implementados e reconhecidos, a exemplo dos direitos trabalhistas das domésticas e da população LGBTQIAP+.

No que se refere à criminalização do racismo, a legislação ordinária foi minimizada trazendo para o campo criminal se tornando injúria, calúnia, as agressões, xingamentos e impedimentos de acesso aos direitos. Já em relação à isonomia, a princípio, todas as políticas estavam voltadas para qualquer pessoa nascida no país, a partir de um filtro racista institucionalizado que ampliava o problema ou impedia os direitos. O avanço legal não foi capaz de inibir o processo institucionalizado de racismo e de exclusão.

Mesmo assim, na década de 1990, outras ações trouxeram questionamento da falta de isonomia para negros no Brasil. Como resultado da "Marcha Zumbi dos Palmares contra o Racismo, pela Cidadania e a Vida", realizada em 1995, nasceu o Grupo de Trabalho Interministerial de Valorização da População Negra, cuja finalidade era desenvolver políticas públicas para a população negra. Assim, iniciamos os anos 2000 alijados das políticas públicas e dos direitos, vivenciando uma falsa cidadania.

Por iniciativa da própria população negra, nasce os pré-vestibulares para negros e carentes, iniciativa que inova a estratégia de inclusão de maior número de negros e negras na formação universitária. Em termos de anos de estudo, a distância entre negros e brancos se perpetuava e seguia impedindo o acesso à educação e a melhores postos de trabalho.

A proposta de implementação da política de ações afirmativas nas universidades, mais tarde conhecida como a política de cotas, vem de longa data. Já na década de 1990 o tema toma fôlego no Rio de Janeiro, a partir de debates promovidos para elaboração de um projeto de lei na Assembleia Legislativa do Rio de Janeiro (Alerj), mas perde força entre as lideranças dos movimentos negros. Mas será nos anos 2000 que as forças sociais em torno das políticas contra o racismo confluirão em torno da implementação da política de cotas nas universidades. Avançando para a implementação de um sistema de maior espectro até que seja finalizada tal injustiça.

A III Conferência Mundial contra o Racismo, a Discriminação Racial, a Xenofobia e Formas Correlatas de Intolerância, ocorrida em Durban, África do Sul em 2001, consolidou em sua Declaração e Plano de Ação o reconhecimento da escravidão como um crime de lesa humanidade, a definição de medidas para erradicar o racismo e a violência racial, promover direitos e de reparar as injustiças. Nessa ocasião, foi reconhecido também que todas essas medidas deveriam levar em conta as interseccionalidades de gênero, identidade de gênero, idade, geração, condições econômicas e territórios como eixos de opressão para a superação do racismo.

E trouxe para o debate nacional a implementação de política de Ações Afirmativas, como medida reparadora para tratar das injustiças históricas e da profunda desigualdade racial. O que fortaleceu a movimentação nacional em torno de ações afirmativas no sistema superior de ensino, as cotas nas universidades. É nesse contexto que nasce a política de cotas nas universidades. Momento de suma importância para avançar na ampliação do direito à educação e a igualdade de oportunidades no mundo do trabalho.

A implementação das cotas ganhou forte resistência na sociedade brasileira e em especial, aos setores da academia. Criou também um ambiente hostil para esses alunos, que se depararam com uma universidade retrograda, colonialista, com estudos sobre a negritude folclorizados, insensíveis às desigualdades raciais e fechada para construir um ambiente bom o bastante para o livre exercício da cidadania.

Essa batalha chegou ao Supremo Tribunal Federal (STF), que julgou a política constitucional, gerando assim lei federal (Lei n. 12.711/2012). A legislação determina que todas as universidades e os institutos federais de educação, ciência e tecnologia reservem no mínimo 50% das vagas de cada curso para os estudantes que concluíram o ensino médio em escolas públicas, para os estudantes de famílias com renda mensal igual ou menor que 1,5 salário mínimo per capita. Do total destinado de vagas devem ser preenchidas pelos estudantes autodeclarados pretos, pardos e indígenas, em proporção no mínimo igual à presença desses grupos na população total da unidade da federação onde fica a instituição.

Apesar da luta constante, a política de cotas foi um avanço dos mais importantes nos últimos anos, em termos da ampliação do acesso e da participação dos grupos excluídos e de uma política de redistribuição dos recursos públicos. As cotas alcançaram recentemente os cursos de pós-graduação e a ampliação da docência. Ainda que falte maior incentivo para o desenvolvimento de estudos e pesquisas temáticas ou não, é preciso lembrar que o ambiente universitário também mudou com a multiplicidade de públicos.

Diante desse quadro conservador e violento, Stephanie Lima nos convoca a pensar os processos engendrados por esses movimentos estudantis, que apontam a interseccionalidade, o cotidiano e o afetos como essenciais para a implementação da ação política desse grupo. Pois, mesmo que o racismo seja o fator mobilizador das lutas pelos direitos, "a gente não é só negro".

Introdução

Este livro tem como objetivo contar a história de uma revolução. Ou melhor, contar a partir das narrativas de vida e experiência de algumas pessoas como tem acontecido uma revolução na sociedade brasileira nas últimas décadas. Ao falarmos e olharmos para a sociedade brasileira do ponto de vista das desigualdades, é fato que a esperança e o sentimento positivo de mudanças não são automáticos em nossas mentes. Nas últimas décadas, o Brasil passou por inúmeros processos de transformações sociais e políticas que deixaram ainda mais latente as desigualdades de raça, gênero, classe, sexualidade, territórios, entre outras que estruturam nossa sociedade.

Entretanto, como a história nos mostra, os processos e contextos políticos são múltiplos e complexos. Em meio a esse sentimento e essa sensação de retrocesso nos últimos anos, há uma revolução que vem acontecendo desde o início dos anos 2000 e toma força nacional após 2012. O crescimento exponencial de jovens negros, indígenas, periféricos e de comunidades tradicionais nas universidades públicas brasileiras após a aprovação da Lei de Cotas em 2012 é, para diversos analistas, a maior transformação social ocorrida nos últimos anos no Brasil.[2]

Através da história de vida de alguns estudantes negros que entraram na universidade por meio de ações afirmativas ou no processo de "efervescência das cotas",[3] quero trazer o porquê de chamar esse momento histórico de revolução. A partir das narrativas desses jovens, pretendo apresentar como essa revolução tem sido feita e orientada política e teoricamente por mulheres negras.

Este livro é parte de uma pesquisa mais ampla, que deu origem a minha tese de doutorado nomeada *"A gente não é só negro!": interseccionalidade, experiência e*

---

[2] A primeira universidade a implementar ação afirmativa foi a Universidade Estadual do Rio de Janeiro (UERJ), ainda em 2002. Nesta primeira década dos anos 2000, além de outras universidades aprovarem ações afirmativas, programas de ampliação ao acesso às universidades públicas e privadas foram implementados pelo Governo Federal, como Prouni e o Reuni. Em 2012, é aprovada e implementada a chamada Lei de Cotas, responsável por garantir a reserva de 50% das matrículas por curso e turno nas universidades e institutos federais para alunos oriundos de instituições de ensino público, incluindo, nesse percentual, a subdivisão de cotas étnico-raciais (pretos, pardos e indígenas). Para uma análise mais elabora acerca do processo de aprovação e luta das cotas raciais no Brasil, ver: Lima (2020); Rios (2008; 2014); Carvalho (2016); Lima (2015); Facchini e outros (2020).

[3] Para demarcar termos e conceitos de outros autores e da própria autora, serão utilizada as aspas duplas, bem como para marcar falas ditas pelos interlocutores. O itálico será utilizado para marcar os termos e categorias empregadas em campo.

afetos na ação política de negros universitários, defendida em 2020, na Universidade Estadual de Campinas (Unicamp). Através das narrativas e do trabalho de campo, a tese trata da constituição do que chamei "sujeito político negro universitário", assim como traz análises mais complexas e amplas da luta do movimento negro no Brasil que resulta no contexto histórico e político atual. Contudo, aqui, decido trazer ao leitor o foco nas narrativas dos estudantes e, por meio da história de vida narrada desses jovens, quero contar sobre um fazer revolucionário vivo.[4]

Durante os capítulos a seguir, veremos histórias de vida e cenas – ocorridas entre 2016 e 2019 – que compõem os três principais coletivos pesquisados: o Núcleo de Consciência Negra (NCN/Unicamp), a Frente Negras (UERJ) e o KIU! (UFBA). A escolha desses coletivos e universidades se deu por inúmeras razões. A Universidade Estadual do Rio de Janeiro (UERJ) foi a primeira universidade pública do Brasil a ter ação afirmativa para pessoas negras, ainda em 2002. A Universidade Federal da Bahia (UFBA) aprovou ação afirmativa em 2005 e o KIU!, um dos coletivos universitários mais antigos em ação, apesar de ser um coletivo LGBTQIAP+, é formado majoritariamente de pessoas

---

[4] Para análises mais amplas, ver: Lima (2020). A tese de doutorado recebeu o Prêmio Lélia Gonzalez da Associação Brasileira de Antropologia de melhor tese, em 2022, e foi indicada pelo Programa de Pós-Graduação em Ciências Sociais da Unicamp a concorrer o prêmio de melhor tese da Associação Brasileira de Pós-Graduação em Ciências Sociais, em 2020.

negras.[5] A Unicamp foi uma das últimas universidades do país a aprovar a política de cotas. Além disso, Rio de Janeiro, Bahia e São Paulo são estados marcados historicamente pela ação do movimento negro brasileiro.[6]

Poderia adensar ainda mais as justificativas das escolhas metodológicas da pesquisa, mas, por uma questão ética, aqui vale ressaltar minha relação pessoal com esses coletivos e pessoas. Eu, como uma jovem negra que inicia sua atuação política em coletivos LGBTQIAP+ nas universidades por onde passei e entra no doutorado da Unicamp como cotista, não apenas compartilhei muitas experiências comuns com esses jovens, mas também atuei politicamente com alguns deles. Assim, é importante considerar que, nas narrativas apresentadas neste livro havia uma sensação de compartilhamento de um "nós" coletivo, apesar dos atores envolvidos saberem que estavam sendo gravados para uma pesquisa.

Essa noção de nós, em conjunto com o acionamento do corpo e dos afetos, tomava as narrativas políticas e individuais. Contar como se tornou militante, ou sua história até aquele momento, era contar sobre a vida também antes de entrar na universidade. Assim, todo o percurso pré e pós entrada na universidade é descrita

---

[5] "Kiu" é um termo usado de forma pejorativa em Salvador, Bahia, como sinônimo de "viado" e "bicha".

[6] A sigla LGBTQIAP+ se refere a Lésbicas, Gays, Bissexuais, Travestis, Mulheres Trans, Homens Trans, Queer, Intersexo, Assexuais, Pansexuais e mais outras orientações e identidades de gênero. Para detalhes históricos dos coletivos, ver: Lima (2020).

através de sentimentos: solidão, acolhimento, raiva, cura, cuidado, entre outros. Então, os capítulos vão seguir essa caminhada narrativa colocada pelos atores, isto é, vão apresentar como que essa entrada na universidade é descrita por meio dos afetos, que no processo se tornam linguagem e se transformam em ação política.

No primeiro capítulo, percorremos o sentimento de solidão que marca a entrada na universidade e se transforma em identidade. Chegar num lugar geograficamente distante, visualmente muito diferente e onde as pessoas não parecem com esses jovens, assim, se dá início à busca pelos "seus". O processo de busca de seu lugar e o sentimento de pertencimento marcam o primeiro contato com os coletivos. Esse encontro é atravessado pelo processo de "tornar-se negro na universidade". Esse tornar-se pode passar por se entender como negro ou por estar vivendo uma experiência de racialização muito violenta. Entretanto, passa principalmente por tornar-se negro e militante.

No segundo capítulo, observaremos como o "feminismo negro", lido nos espaços de formação dos coletivos, organiza esse processo da transformação do afeto em linguagem e, por conseguinte, em ação política. Esse "feminismo negro" utilizado como termo guarda-chuva para um amplo conjunto de teóricas negras e negros que não necessariamente se identificavam como feministas, vai sendo mobilizado para a defesa e para a luta de um fazer político. Neste, o afeto e o corpo estão no centro, produzem uma revolução não só nos movimentos dentro das universidades, mas também nos movimentos sociais de maneira geral.

No terceiro capítulo, entenderemos como que esses jovens que estão construindo e produzindo essa revolução política dentro da universidade também estão protagonizando uma revolução epistêmica. O processo de formação no interior dos coletivos não transforma e orienta apenas a narrativa e o cotidiano da política, mas faz desse jovem um produtor de conhecimento. Assim, a luta contra o epistemicídio surge como estratégia de ação para organizar um processo mais amplo de produção de narrativas científicas. Em um tempo de tornar-se intelectual, orientados pelas teóricas negras, a disputa da intelectualidade vem como meio de tomar a narrativa não apenas de sua própria história, mas de sua vida, que passa pelo coletivo do território e da família.

Por fim, no último capítulo, observaremos como a figura da mãe entra nesse conjunto de transformações. Não temos como imaginar que um jovem que entra pela primeira vez em uma universidade pública transforma apenas a si. As mudanças observadas no âmbito político e epistémico é vista também no âmbito familiar. Nesse capítulo, a mãe, que é a responsável pela entrada desse jovem na universidade, materializa o "mundo de origem" marcado como muito distinto do "mundo da universidade". Assim, nas narrativas, o momento de levar a mãe para universidade é marcado como resultado do convite feito pelas teóricas negras. Levar a mãe até lá é uma forma de conectar o mundo de origem com o mundo da universidade, é uma tentativa de "viver plenamente" e não mais de "sobreviver".

Sobre viver

Durante a pesquisa que deu origem a este livro, eu era tomada pela constante dúvida de como e onde falar sobre dois grandes acontecimentos que ocorrem durante o trabalho de campo, os quais, sem dúvida, fizeram deste texto o que ele se tornou. Esses acontecimentos não eram apenas dados de campo e imploditam qualquer tentativa de separação entre a autora, pesquisadora, amiga e pessoa. Para a versão apresentada na defesa da tese de doutorado, publicada em 2020, decidi não utilizar esses acontecimentos como marcos. Não queria que as/os leitoras/es achassem que a tese estava falando sobre mortes. Não queria que esses acontecimentos, tão sofridos, fossem o motivo do interesse pela leitura. Assim, naquele momento, resolvi trazer esse relato nas páginas finais.

Quatro anos após a defesa e compreendendo que os processos são cíclicos e não lineares, para esse livro resolvo trazer o relato desses acontecimentos para o início. Agora, eu me convenço de que traze-los aqui é afirmar politicamente que ao pesquisarmos ou relatarmos sobre a história e vida de jovens negros, nós falamos sobre afetos, cuidados, famílias, mas também, infelizmente, falamos sobre mortes.

[Novembro 2017] Logo nas primeiras semanas em Salvador, a convite de Rebeca, viajei para Andaraí, na Bahia, para a primeira Parada LGBTQIAP+ da cidade. Chego na rodoviária da capital e encontro com Doss, que conheço desde 2012, e, por causa dos encontros LGBTQIAP+, conseguíamos nos encontrar todos os anos. Com saudades, nos abraçamos, nos apertamos e ele me diz que não estava acreditando que eu estava morando lá e que íamos "ferver e causar muito". Ele me apresentou para Tifanny e Samira, que também iriam na viagem. Na van, foram outras pessoas do movimento LGBTQIAP+ da capital e de cidades próximas a Salvador. A agenda contou com uma audiência pública na câmara de vereadores, com falas de Rebeca e Samira, banho de cachoeira e a Parada LGBTQIAP+. A parada foi incrível, teve a presença de crianças e trouxe a chamada "A mudança vem do interior". Durante essa viagem, as conversas que tive passavam por vários assuntos, entre eles, a militância. Eles relataram o choque que tiveram quando Samira saiu do movimento estudantil e Doss falava da importância de ter trabalhado na institucionalidade para entender mais a militância e a atuação política. A continuação do mês de novembro foi muito diferente do que eu poderia imaginar e do que eu gostaria. Logo depois da viagem, mandei mensagem para Rebeca contando sobre o projeto de pesquisa do doutorado e de meus interesses, ela me mandou falar com Doss, que era quem mais poderia me ajudar. Em áudio no WhatsApp, ele respondeu que me ajudaria, mas que estava focando em se formar e estava um pouco mais distante.

Esse áudio dele foi enviado um dia antes de seu assassinato. A morte de Doss fez de novembro um mês bem diferente do que eu pensava. Como disse Rebeca, no velório estavam reunidas todas as organizações do movimento. Ali estavam todas as tribos (Levante, UJS, deputados, tudo...). Era o que a bicha ia querer. Logo depois do velório, fomos para o Diretório Central dos Estudantes (DCE), em que todos da organização política da qual ele fazia parte foram e ficaram fumando e falando coisas soltas, porque ninguém queria ficar sozinho e aquele lugar era reconfortante, pois ele havia morado no DCE por três meses, e estar com amigos era melhor do que estar sozinho. O "chapar-se" junto como forma de sobrevivência foi quase uma regra durante as próximas semanas que vieram. Aquela foi a semana de não dormir em casa, de ficar dormindo com os amigos, de muitas homenagens em todos os eventos que aconteciam naquele mês e mencionavam o nome de Doss. Vários eventos foram cancelados. No mês seguinte, seguiram as homenagens, e, no final de uma delas, um amigo recente, que não o conhecia, sentou-se perto de mim e disse: "eu te vi de longe e pensei que por causa da sua pesquisa, você poderia ter conhecido ele". Eu respondi: "é, eu conhecia Doss há muito tempo, a gente era amigo, mas eu prefiro a tristeza que estou sentindo agora do que a tristeza de não tê-lo conhecido". O mês de novembro foi isto: afeto, carinho, chapação e muita troca de cuidado.

[Março 2018] O mês de fevereiro tinha sido tomado pela organização e reunião para o acampamento da juventude no Fórum Social Mundial, que naquele ano

aconteceria em Salvador, na UFBA. Tifanny foi uma das principais organizadoras do acampamento. Entre as mil reuniões que tinha que acompanhar, ela me disse "eu só tô fazendo isso porque ele [Doss] achava importante. Eu prometi e estou continuando o seu legado". A tenda LGBTQIAP+ no Fórum recebeu o nome de Felipe Doss e tinha um grande banner com sua foto na entrada. Quando passei e vi, sorri. Sorri pela primeira vez vendo uma homenagem. A felicidade estava ocupando aos poucos o lugar da raiva. Depois de passar pela tenda, caminhei para a tenda das mulheres negras para assistir a uma mesa de abertura. Uma das mulheres negras mais velhas na mesa disse: "vou falar para as jovens. Olha não é fácil. Vai ficar um bando de gente pelo caminho, mas a gente tem que resistir e tá aqui". A ideia de resistir também estava começando a soar de maneira positiva. Por causa do evento, amigas do Rio de Janeiro estavam em Salvador. Por isso, decidimos no final do dia ir tomar uma cerveja no Rio Vermelho. Era 14 de março, no caminho os celulares começaram a tocar incessantemente e descobrimos que Marielle tinha sido executada. Naquele momento eu só conseguia pensar e esbravejar: "não! De novo, não!". Com ajuda de uma amiga, voei para o Rio no dia seguinte e acompanhei o velório, porque eu precisava ver, abraçar e cuidar de muitas amigas que eram amigas dela. Voltei para Salvador e fui recebida com um almoço e um encontro do mesmo jeito que tínhamos feito em novembro. Lorena, que era a melhor amiga de Doss, vira para mim e fala: "eu vou sentir muito a sua falta porque você cuidou de mim. Eu sofri e ainda sofro muito, mas parte do amor que eu sentia por ele eu passei para você. Eu te amo e tenho certeza de que você vai conseguir fazer um lindo trabalho. Porque a gente sofreu muito e vai continuar sofrendo, mas a gente ama muito também". O mês de março também foi muito diferente do que eu esperava.

Os meses seguintes que envolveram a pesquisa – que hoje se transforma em livro – foram tomados pela falta de coragem de falar sobre as pessoas e suas histórias. Digo que ter vivido isso me fez entender que o que mais importava no estar em grupo era estar junto. Fazer um trabalho sobre transformações das ações políticas, enquadramentos, repertórios, estratégias e táticas era falar dos sujeitos e falar dos sujeitos era falar de tudo. Tudo que envolve e constrói esses sujeitos, passando pelas suas histórias, emoções e ações. Doss e Marielle faziam política com afeto. Digo isso porque a escrita desta pesquisa pela narrativa e a atenção para a gestão dos afetos não vieram por meio de uma iluminação intelectual da autora, e sim por um processo de luto. Esse luto foi acolhido e vivido em coletivo e sem ele não existiria sobrevivência. Estar em coletivo, para alguns sujeitos, é sobreviver, e foi desse ponto que se iniciou e terminará este livro.[7]

---

[7] Até a data de fechamento deste livro, os assassinos de Felipe Doss não foram presos e o caso está arquivado. Os de Marielle Franco foram julgados culpados, mas a situação dos possíveis mandantes ainda está em julgamento.

Transformando afeto em identidade

> Eu não me identificava com os meus colegas [...], eu me sentia muito sozinha. Eu sabia que eu não era branca, mas eu me entendi como negra depois da graduação [...] No começo do terceiro ano, comecei a ler algumas coisas, entrei num grupo de estudos e a gente lia texto pós-coloniais, né (Letícia, entrevista em 14/09/2018).

Tornar-se negro na universidade

Durante a pesquisa de campo, foi comum ouvir em falas nos coletivos e ocasiões públicas a expressão: *tornar-se negro na universidade*. Contudo, essa expressão não surgia relacionada apenas à construção da identidade racial e nem no sentido de "descoberta" de ser negro, mas sim atrelada à ideia de *tornar-se militante*.

Para compreendermos esse processo, inicio com a narrativa de Letícia Pavarina, integrante do NCN/Unicamp, que se identifica como uma *mulher negra, lésbica*. Em entrevista, Letícia começou a me contar sobre sua trajetória a partir de seu ingresso no ensino superior. Moradora do interior de São Paulo, se mudou para São Carlos, em 2010, para dar início à sua graduação em

Ciências Sociais na Universidade Federal de São Carlos (UFSCAR).[8] O sentimento de *solidão* foi relatado por ela ao falar de sua entrada na universidade:

> Eu achava difícil, assim. Eu tinha muita dificuldade, eu não conseguia ler muito os textos porque era de uma realidade muito diferente da minha e eu nunca fui acostumada muito a estudar [...]. Só que pra mim era muito penoso por uma questão de autoestima. Eu ia só da faculdade pra casa, da casa pra faculdade e eu trabalhava lá porque eu era bolsista, então eu trabalhava na secretaria da graduação de Ciências Sociais. Eu não saía muito porque não tinha dinheiro, fazia algumas coisas de graça no campus, mas eu me sentia muito inadequada. Tipo, eu gostava do ambiente acadêmico, era um lugar aonde eu tava descobrindo um monte de coisa, mas eu não me sentia confortável (Letícia, entrevista em 14/09/2018).

Por insistência de um professor, ela desistiu de abandonar o curso e passou a fazer acompanhamento terapêutico na unidade de saúde da universidade.[9] Após

---

[8] Grande parte dos interlocutores pediu para manter seus nomes, por entenderem o trabalho como um documento e afirmarem serem "agentes da história".

[9] A busca por acompanhamento terapêutico na universidade foi relatada por inúmeros interlocutores. As dificuldades burocráticas e a lista de espera eram os aspectos negativos mais levantados por eles, mas todos que utilizavam os serviços oferecidos pela universidade ou pelo

esse momento de *acolhimento*, ela passou a integrar o grupo de terapia ocupacional e, por demanda de uma disciplina, começou a "ler textos sobre a questão racial". Para ela, aquelas reflexões eram as primeiras que se aproximavam da sua "realidade de vida", e estavam *dando sentido* às suas *experiências* de vida como *mulher negra*. Ela diz:

> Eu fiz uma matéria que era sociologia das relações raciais, no terceiro ano também, e a gente leu Fanon e eu comecei a ler várias coisas assim, só que elas me deixavam meio na *bad*. Aí, às vezes eu parava, às vezes eu voltava, só que aí eu comecei a pensar coisas que parecem bem bobas, mas eu acho que fazem sentido. Do tipo: "ah, por que que ninguém queria ficar comigo na escola?". Tudo bem, eu tinha vergonha, sempre fui tímida, mas por que isso não acontecia, né? E aí comecei a pensar essas coisas, coisas de infância. Então, quando eu comecei a ler coisa que davam como exemplos isso, que tinham a ver com representação e tal, eu falei "ahhh! Acho que agora tá fazendo algum sentido". E foi isso, foi um processo que continua, porque às vezes eu ainda me sinto bastante mal. Acho que eu não sou boa nas coisas ou que tudo que eu tenho produzido, tudo que eu tenho que estudar, nunca vai chegar a determinado padrão. Um processo que acho que

---

departamento de Psicologia (como no caso da UERJ) relataram que, sem esse serviço, não teriam condições financeiras de realizarem um tratamento e que a vida seria muito mais difícil.

vai ser pra vida inteira, mas foi um processo que, num primeiro momento, eu senti [...] Mas o começo do processo foi isso, ler as coisas, tentar fazer relação com a adolescência ou a infância, aí ficava muito difícil e eu largava e lia coisa que não tinha nada a ver. Aí, fui começando a conversar com as pessoas e dividir experiências, então as coisas foram ficando mais leves. Só que, ao mesmo tempo, eu achava que eu não tinha passado por tantas coisas pesadas assim, porque a minha experiência não era tão pesada quanto a das outras pessoas, que às vezes já tinham ouvido coisas muito pesadas, e eu falava "ah, tô de boa, eu não tenho que ficar aqui me sentindo mal". Mas na verdade eu acho que as pequenas coisas também vão, tipo, atropelando a gente [...]. Uma coisa que eu passei a prestar atenção é de sempre falar uma coisa como se eu já estivesse pedindo desculpa. E as pessoas [brancas] não fazem isso [...]. Essa parte do raciocínio, de mudar a forma como você pensa, foi uma das coisas que me deu tranquilidade na vida. Não 100%, mas me deixou um pouco mais confortável com quem eu sou. Eu não gostava de mim, não, tanto que dos 11 aos 18 eu não tenho foto [...]. Tudo isso que eu tô te explicando nessa relação, eu só consigo fazer agora. Na época, eu achava que "ah, sou adolescente, então toda essa angústia aqui é porque eu sou adolescente, quando eu chegar nos 20 vai passar". Eu me sentia muito mal e muito angustiada, porque eu não entendia o que tava acontecendo. Eu não entendia como as coisas iam se dando assim. Isso de não ter representação é uma coisa que pesava bastante (Letícia, entrevista em 14/09/2018).

O relato de Letícia nos permite observar seu processo de "tornar-se negra na universidade". No início, ela separa a relação entre saber que *não é branca* e entender *ser negra*. Na continuação de sua fala, podemos perceber que o *ser negra* está relacionado com a tomada de "consciência de experiências vividas como racismo". Como narrado, foi a partir das leituras que refletiam sobre a questão racial que ela passou a ponderar que as "vivências negativas e traumáticas da infância e adolescência" – e até na própria faculdade – não eram *sua culpa*, e, sim, "experiências de racismo vividas cotidianamente pelas pessoas negras".

Essa relação entre "tomar consciência de experiências como racismo" e *tornar-se negra* está presente em todos os relatos. A diferença de tom de pele interfere essencialmente no processo individual de autoidentificação racial antes e depois da entrada na universidade. Contudo, a ideia de *tornar-se negro* continua relacionada à tomada de consciência do racismo, e, por consequência, da luta contra ele (Souza, 1983). Como exemplo, Taina Santos – que integrou o NCN/Unicamp junto com Letícia –, negra com tom de pele mais escuro que o de Letícia, ao falar sobre esse processo, diz: "Eu sempre soube que eu era preta. Minha família é preta e eu sempre soube, porque é óbvio, mas eu nunca fui tão racializada na minha vida quanto eu fui quando cheguei na Unicamp [...], aí eu fui quase obrigada a ter que falar e pensar sobre isso, né?!".

Taina Santos, vinda de uma região periférica de São Paulo, no momento da entrevista tinha 24 anos e se identificou como uma mulher preta cisgênero bissexual. Por incentivo da mãe, chegou ao Pré-Vestibular Para Negros e Carentes (PVNC) do Núcleo de Consciência Negra da USP (NCN/USP) e conseguiu entrar inicialmente para a Unesp em 2013, mas, em 2014, trocou de curso e universidade, iniciando a graduação em História na Unicamp.

São extensos os estudos sobre construção da identidade negra produzidos no Brasil e no mundo. Grande parte da bibliografia sobre o tema aponta que a construção da identidade racial, e, por consequência, a autodeclaração, se diferenciam de acordo com o contexto histórico e político. Em tese acerca do processo de "tornar-se negro de professores universitários no Ceará", Maria Auxiliadora Holanda (2009) desenvolveu um de seus capítulos realizando uma extensa revisão bibliográfica acerca das noções de tornar-se negro na bibliografia dos estudos raciais e sintetiza:

> A compreensão de tornar-se negro se encontra também no que se entende por processos de identificação ao invés da ideia de identidade como fixa, como essência. O tornar-se permite compreender que estamos sempre negociando nossas identidades a depender do movimento dinâmico da história pessoal e social, que requer um posicionamento diferente a cada momento histórico, ou seja, as identidades

> são reconstruídas ou transformadas à medida que precisamos e queremos nos posicionar diante das exigências pessoais, políticas ou econômicas. É da própria necessidade humana poder expressar-se, usar o que lhe é singular nas diversas formas de expressividade. Sabe-se que esse jogo de dizer-se é um jogo das relações de poder. Cada pessoa ou grupo luta para dizer o que é, ou o que pode vir a ser, ou tornar-se, porque estamos na busca sempre de sermos mais e melhores, como sujeitos de deveres e direitos (Holanda, 2009, p. 22).

Retomando a narrativa de Letícia, percebe-se que o autor citado por ela como central para essa "tomada de consciência racial" foi Franz Fanon. Assim, a aproximação de Fanon e Souza nas formulações narrativas nos ajudam a compreender a complexidade da noção de "tornar-se negro na universidade". Em tese acerca das múltiplas leituras das obras de Fanon no Brasil, Davison Faustino (2015) chama atenção para a relação entre esses dois autores. Para ele, até a obra de Souza (1983), Fanon era lido na chave da polaridade "'eles' (colonizador/imperialistas/racistas) *versus* 'nós' (colonizados/oprimidos/condenados pela pobreza e/ou racismo)", o que está relacionada a maior circulação de seu livro *Condenados da Terra* (1979), no Brasil. Contudo, Faustino afirma que a obra de Souza se aproxima do diálogo com *Pele negra, máscaras brancas* (2008), e "o enfoque estabelecido é o da psicanálise, e as preocupações do texto buscam, em última instância, chamar atenção para as dores vividas pelos negros que ascenderam socialmente, mas não estão isentos das vicissitudes do racismo" (Faustino, 2015, p. 177). Ou seja, Souza faz uso de Fanon com objetivo de afirmar a importância do histórico de racialização para a construção da "emocionalidade negra". Segundo Souza:

> Uma das formas de exercer autonomia é possuir um discurso sobre si mesmo. Discurso que se faz muito mais significativo quanto mais fundamentado no conhecimento concreto da realidade. [...] Este livro representa meio ânsia e tentativa de elaborar um gênero de conhecimento que viabilize a construção de um discurso negro sobre o negro, no que tange à sua emocionalidade. [...] Ele é um olhar que se volta em direção à experiência de ser-se negro numa sociedade branca. De classe e ideologia dominantes brancas. De estética e comportamentos brancos. De exigências e expectativas brancas. Este olhar se detém, particularmente, sobre a experiência emocional do negro que, vivendo nessa sociedade, responde positivamente ao apelo da ascensão social, o que implica na decisiva conquista de valores, status e prerrogativas brancos (Souza, 1983, p. 17).

A aproximação dos escritos de Neusa Santos Souza e Franz Fanon, citado por Letícia, é constantemente realizada por estudos acerca da construção da identidade negra no Brasil. Tanto os estudos de Fanon quanto os de Souza afirmam que é na experiência que se recompõe a identidade. Além disso, os autores defendem que o racismo desumaniza o negro no mundo dos brancos e que a única possibilidade de resgatar essa humanidade é a partir da luta. Dessa maneira, para eles, "tornar-se negro" está intrinsecamente interligado a "lutar contra o racismo", ou seja, "tornar-se militante". Afirma Souza:

> A descoberta de ser negra é mais que a constatação do óbvio. (Aliás, o óbvio é aquela categoria que só aparece enquanto tal, depois do trabalho de se descortinar muitos véus.) Saber-se negra é viver a experiência de ter sido massacrada em sua identidade, confundida em suas perspectivas, submetida a exigências; compelida a expectativas alienadas. Mas é também e, sobretudo, a experiência de comprometer-se a resgatar a sua história e recriar-se em suas potencialidades (Souza, 1983, p. 17-18).

A leitura desses autores nos espaços de *formação* dos coletivos leva noções presentes nas obras lidas para as narrativas e disputas políticas. Dito isso, discussões acerca da noção de *cidadania e humanidade* da população negra surgiam tanto em debates internos nos coletivos quanto nas disputas narrativas com distintos atores. Outra entrevistada foi Taina, que, em diferentes momentos, enfatizou a importância da *formação*, traz em entrevista a relação entre "tomar posse da humanidade através da luta", posta por Fanon e Souza. Ela disse:

> Nós que somos negros, a questão do negro no pós-abolição é o seguinte: a cidadania [...] a gente não

tem uma cidadania ainda [...] Então eu acho que a gente tem que ir pra esses espaços[assembleias] sim, porque a gente não pode deixar os brancos ficar falando pela gente, já chega, acabou, entendeu? [...] A galera esperava que a gente pegasse o microfone na assembleia e começasse a falar assim "então, eu acho isso, isso, isso... porque eu sou negra, porque eu morei na periferia, porque não sei o quê, porque o meu pai é viciado em cocaína, porque não sei o quê" e ser negro se tornasse um argumento, entendeu? [...] Eles queriam que a gente se racializasse [...] porque pra elas ser negro é você estar no limite, é você tá na merda [...] Então acho que a gente tem que começar a ocupar esses espaços sim. A bell hooks já falou disso, naquele livro dela *Ensinar a transgredir*, as pessoas brancas podem ser antirracistas sim, elas podem estudar e tal, mas tem coisas que elas não vão entender, não porque elas não sejam capazes, mas porque isso não faz parte da experiência delas, isso não faz parte da construção da identidade delas, elas não vão entender porque uma pessoa da minha idade tem medo de sofrer racismo, porque que eu tenho medo de falar em público, elas não vão entender [...] Enquanto a gente não pensar o nosso futuro em termos de cidadania, em termos de ter direitos, em termos de alcançar tipo algumas coisas que são básicas – não tô falando nem da cidadania plena, que eu não acredito nisso – eu tô falando de coisas básicas, assim, a gente não anda... e se a gente luta pela liberdade, né, como já disse também o próprio

Fanon, a gente não pode descansar, a gente não pode, a gente tem que estar em todos os espaços (Taina, entrevista em 10/10/2018).

Desse modo, podemos observar como o processo violento de racialização, ou de "tornar-se negro" que esses sujeitos passam ao entrar na universidade, conformam a reconstrução da figura do negro. Além disso, para Tifanny Conceição "tornar-se negro" passa a ser uma questão de *empoderamento*.[10] Ela afirmou:

> Eu acho que a gente entra naquela onda do empoderamento, quando a gente percebe que, poxa, ser negro não é ruim como falam. Ser negro não é sinônimo de ser ladrão, ser criminoso, de não ter um futuro. Quando a gente entra na universidade a gente se depara com um debate político, a gente vê uma real possibilidade. Porque quando a gente está fora da universidade, a representatividade que a gente tem é muito pouca. Então a gente bebe muito do que a sociedade, que é racista, nos dá. Então quando a gente vem pra universidade e tem a possibilidade de perceber que ser negro não é ruim. Por exemplo, eu não preciso usar um efeito no Instagram que me clareie. Porque, porra, eu sou bonito pra caralho. A

---

[10] Empoderamento surge em campo como uma categoria para definir o processo de tomar o poder, antes visto como ausente dado determinados marcadores sociais dos sujeitos. Para uma análise mais complexa e completa dessa categoria, comum não só neste campo de pesquisa, ver: Silva (2019).

questão do arquétipo, do fenótipo, da valorização da nossa estética é uma coisa que vem tomando um boom muito grande nesses tempos. E isso é muito forte dentro da universidade. A gente percebe que as pessoas, hoje, vêm assumindo realmente a sua estética, que sua estética negra vem sendo valorizada. A gente percebe também que a gente também tem um futuro [...] então quando você percebe que essa talvez não seja a sua realidade, que você pode ter outras perspectivas, o ser negro se torna aceitável pra você. Você realmente percebe que o que eu sou não tem problema. O problema está na sociedade que é preconceituosa, que é racista. Então o tornar-se negro, na minha visão, vem a partir desse empoderamento que você percebe que ser negro não é o que a sociedade diz. Ser negro tem um leque de possibilidades muito grandes. E a universidade te oferece esse debate político. Tornar-se negro vem muito dessa questão do se empoderar. De quem realmente você é, da sua ancestralidade, do seu arquétipo, do seu fenótipo, da sua estética e dizer que "porra, eu sou massa" (Tifanny, entrevista em 18/04/2018).

No momento da entrevista, realizada em abril de 2018, Tifanny Conceição tinha 20 anos se identificava como "bicha preta", integrante do Coletivo KIU/UFBA e era de uma região periférica em São Francisco do Conde, Bahia. Entrou na graduação no Bacharelado Interdisciplinar em Ciências Naturais, em 2016, na UFBA.

A *ancestralidade* surge, na fala de Tifanny, como meio de construir essa identidade coletiva *empoderada*. Em outras palavras, a construção de uma "identidade ancestral" faz esse sujeito perceber-se como agente da história e distante da passividade (Fanon, 1979). Nesse sentido, a reconstrução cultural, a mudança estética presente tanto na fala de Tifanny quanto na de Letícia tornam-se centrais no processo de compreender que *ser negro não é ruim*. Assim, a construção dessa identidade coletiva passa, de uma maneira central, pela estética. Aqui, as narrativas vão ao encontro ao conjunto amplo de estudos que marcam não apenas a relação entre estética e a construção da identidade racial, de gênero e de sexualidade, mas também a estética como repertório de ação política (Gomes, 2019; hooks, 2005; Butler, 2010).

Para Azula, a mudança estética está relacionada diretamente à questão de reconstruir a imagem de si – no seu caso de *bicha preta* – como *belo* e dos *afetos*. Ela afirmou:

> Todo mundo precisa disso, todo mundo precisa de afeto, se não fosse assim, ninguém casava, ninguém tinha filho, ninguém... A gente gosta de gente, né? Você casa, tem filho, pra se encher de gente. Precisamos voltar pra nós mesmos, pros nossos próprios corpos, pra nossa própria beleza, pra beleza do outro. Então surgiram festas, pra ver a beleza do outro. Então, com isso as roupas também mudavam, os cabelos também mudavam. Porque quando você via que podia ser mais preto.

Que você tinha sido preto até ali suave, mas que você podia ser mais preto do que isso, e ser mais preto significava ser mais legal. Porque o mundo dizia pra gente que você tinha que ser o menos preto possível. Aí o bagulho ficou *mucho* louco. Porque os cabelos cresceram, as roupas foram ficando maravilhosas, os corpos foram tomando tônus, foram tomando visão de quem realmente eram. E aí o bagulho foi ficando mais interessante. E aí as bichas pretas são uma parada aí nacionalmente pensada por um monte de gente que se coloca nesse lugar. Quando a gente fez o coletivo lá em 2000 e pouco, a gente já se colocava como bicha preta. E a gente continuou levando essa identidade, essa relação identitária que eu não sei explicar. Só sei que são, né? Mas é isso, é o processo mesmo e diferenciação. Assim como muitas mulheres que ressignificaram a questão de ser travesti, a bicha preta está um pouco nessa mesma relação. De ser sapatão, né? Nem todo mundo se coloca como lésbica, algumas se colocam como sapatão (Azula, entrevista em 12/12/2018).

No momento da entrevista, em dezembro de 2018, Azula tinha 27 anos e afirmava ser de Caxias, uma cidade periférica na região metropolitana do Rio de Janeiro. Era estudante de história da UERJ e tinha sido integrante da Frente Negra da UERJ. Ela se apresentou pelo nome no masculino e se identificava como uma bicha preta. Em respeito à sua identidade de gênero atual, farei uso de seu nome social.

Com relação à noção de estética apontada por ela, Gleicy Silva (2019) defende a relação direta entre um contexto recente de crescimento da afirmação identitária com a intensificação dos olhares para o corpo, tendo a noção estética como um componente político central. Nas palavras da autora:

> Tais contextos renovados de afirmação identitária e de experimentação política, por sua vez, intensificam o olhar sobre o corpo e a noção de beleza, mas também sobre novas possibilidades de engajamento. Por meio desses processos de reformulação estético-política, a dimensão das emoções adquire um papel central, estimulando a construção de novos espaços de enunciação e de representatividade, bem como de dinâmicas de consumo que irão atua fortemente na recomposição de formas de subjetividade (Silva, 2019, p. 177).

Além da importância da estética como arsenal político, dada a centralidade que o corpo toma em campo, as falas de Tifanny e Azula, que se identificam como *bichas pretas*, nos chamam atenção para o que foi dito no início do capítulo acerca da multiplicidade das identidades. Para Tifanny "ser negro tem um leque de possibilidades" e essas possibilidades são defendidas e narradas. Assim, tornar-se negro é tornar-se "bicha preta, sapa preta, travesti preta, preta não-binárie, mulher preta, mulher negra, mulher negra sapatão, mulher negra, mulher negra bissexual, homem negro" e mais um amplo conjunto de identidades. Nesse sentido, retomamos a ideia de que, apesar da centralidade da identidade racial, justificada pela violência da racialização perpetrada pelo ambiente da universidade, as narrativas apresentam um fluxo entre os diversos enquadramentos "dos movimentos" (machismo, LGBTQIAP+fobia, opressão de classes, etc.), ou seja, a constituição da *interseccionalidade* como central, em que "não se é só negro, mas também é bicha, mulher, sapatão...".[11]

Apesar de não explorar neste livro os múltiplos usos e atribuições de interseccionalidade em campo, destaco aqui, que o termo surge em itálico por ser compreendido como um termo êmico. Entretanto, vale ressaltar que, a partir das observações, pude perceber que a incorporação deste termo no campo é devido a centralidade que a teoria feminista negra toma. Segundo Jurema Werneck (2016) e grande parte dos interlocutores desta pesquisa, a interseccionalidade é uma categoria de extrema importância para a análise social, gerada no bojo da teoria feminista negra. A autora afirma que apesar de

---

[11] Vale destacar que enquadramento aqui é uma conceito analítico criado por Snow e Benford, com base no trabalho de Goffman, que afirmam que "*frame* é um esquema interpretativo que simplifica e condensa o 'mundo lá fora' através da pontuação e codificação seletiva de objetos, situações, eventos, experiências e sequências de ação em determinado ambiente presente ou passado" (Snow; Benford, 1992, p. 137). Assim, durante os capítulos vamos ver como que afeto, corpo, experiência são elementos selecionados a partir dessa moldura que é a teoria produzida por mulheres negras.

ter sido cunhada por Kimberlé Crenshaw, em 2002, análises sociais interseccionais já estavam presentes em obras de feministas negras norte-americanas e brasileiras, na década de 1980, como nas obras de Angela Davis ([1981]2016) e Lélia Gonzáles (1983).

A construção do *outro*: branquitude e colorismo

Carolina Pinho se apresentou como mulher negra professora, doutora em educação pela Unicamp, afroempreendedora e, no momento da entrevista, em 2018, apresentadora de um programa de televisão na TV dos Trabalhadores. Carolina atuou no movimento estudantil e era afiliada ao Partido dos Trabalhadores (PT) durante toda sua graduação. Durante sua pós-graduação, integrou o NCN/Unicamp e afirmou em entrevista que, no início de sua participação no NCN, era *contra as cotas*, justificando sua posição pela sua formação política, antes de entrar no Núcleo. Ao final da entrevista, fez questão de retomar ao assunto e narrar seu processo de compreensão da importância das cotas em conjunto com o de se compreender como parte de uma identidade coletiva que "fora explorada historicamente". Ela afirma:

> Eu queria falar sobre o negócio das cotas, porque que eu era contra [...] eu lembro que um argumento que eu gostava muito de usar era "ai, porque as cotas salvam só alguns, que é um número mínimo, e os outros que tão do lado de fora? A gente tem que ser

pela universalização", só que esse argumento, ele só vale quando você pensa na cota como um acesso, a cota ela não é um acesso individual, a cota é uma reparação histórica [...] a cota ela é uma reparação histórica, ela é uma indenização pelos danos causados pelo racismo ao povo negro na sua história, é isso [...] então quer dizer agora que eu não preciso de cota pra ser professora universitária? Preciso, porque eu tô em desvantagem e não é desvantagem intelectual, não é desvantagem financeira, porque pode ser que, agora eu tenha uma condição bem melhor do que eu já tive... É desvantagem histórica, é desvantagem, porque quando eu entrar na sala pra fazer a minha prova oral, o olhar daquele professor, mesmo professor que não é racista, ele está treinado pra me ver como uma pessoa inferior... O que sai da minha boca já é delimitado, pode ser a palavra mais bonita do mundo, já é delimitado pela forma como ele me vê, que foi construída pelo Estado brasileiro que financiou [...] A cota racial transformou tudo que a gente tava fazendo sobre questão racial porque a gente colocou o dedo na ferida das pessoas... A gente teve que falar de história, a gente teve que falar de privilégios, a gente teve que falar de branquitude... Então foi importante e vai continuar sendo importante enquanto a gente tiver a estrutura que a gente tem, apesar de ser uma medida liberal que no final das contas a gente não garante que esse preto que vai entrar é um preto revolucionário, mas é uma medida que colocou o dedo na ferida, uma ferida que a sociedade brasileira escondia há muito tempo e que agora não tem mais como esconder, né gata? Esse povo aí tudo se declarando pardo, tá todo mundo sendo obrigado a entender o que que é pardo. O que é ser pardo? Por que que existe pardo no Brasil? Aí você vai ter que fazer um resgate histórico porque que existe pardo... Todo mundo que quer entender, vai ter que pesquisar sobre colorismo, aí na hora que você propõe essa discussão, você transforma um monte de outras coisas (Carolina, entrevista em 28/09/2018).

A fala de Carolina nos traz duas categorias que surgem no debate acerca do enegrecimento: *branquitude* e *colorismo*. A noção de *branquitude* esteve presente durante a etnografia em todos os coletivos e eventos dos quais participei. "Branquitude", como um conceito analítico, foi cunhado pelo *critical whiteness studies*, derivado dos Estados Unidos, na década de 1990. Segundo Cida Bento (2022), o conceito de "branquitude" é central para entender as dinâmicas de poder e privilégio racial no Brasil. A "branquitude" é marcada por um pacto de manutenção de privilégios, no qual os indivíduos brancos, muitas vezes de forma inconsciente, se beneficiam de uma posição de poder. Ainda segundo a autora, assim como o conceito de "raça" é uma construção social, a "branquitude" é uma ficção poderosa, que exerce forte influência sobre a realidade social, moldando as interações e a distribuição de recursos.

Entretanto, *branquitude* surge no campo como uma categoria êmica para classificar ações e falas vistas como comumente reproduzidas por pessoas brancas. Além disso, o termo emerge como meio de marcar o branco também como sujeito racial, e por isso *obrigado* a pensar também o que seria *ser branco*. Assim, foi comum durante a etnografia, nos diversos coletivos, observar que, à frente de um conflito com grupos mistos – com pessoas negras e brancas – ou formados por pessoas brancas, o termo *branquitude* era usado como forma de acusação, em frases como "precisamos discutir sobre branquitude" e "vocês (brancos) precisam discutir sobre branquitude". Com isso, a categoria muitas vezes era utilizada como acusatória, assim como os termos *branco* e *branquice* – este último muito utilizado para marcar ações vistas como específicas de pessoas brancas.

Desse modo, *branquitude* surge em campo não como modo simples de diferenciação e oposição, mas como meio do constante processo da construção do "nós" – negros – e, por conseguinte, do "eles" – brancos. Como dito anteriormente, o processo de construção desse "sujeito político negro universitário" passa pela reconstrução de uma identidade positiva e coletiva que elege, principalmente o racismo como enquadramento para se construir justificativas para as constantes violências sofridas. Em paralelo a isso, os sujeitos que perpetrariam essas situações tidas como violência, ou seja, "eles", os "brancos", também passam por um processo de construção constante, onde essa identidade não é fixa e as situações de violência são lidas na chave da *branquitude*. Ou seja, algo para além do indivíduo e que, por isso, pode ser modificado por ações individuais e coletivas.

Colorismo, assim como *branquitude*, é uma categoria utilizada pela literatura que passa por deslocamentos nos seus usos em campo. O termo "colorismo" refere-se ao preconceito baseado na cor de pele dentro da comunidade negra. Mobilizado originalmente por Alice Walker – que também cunhou "mulherismo" – o termo é utilizado como categoria analítica pelo conjunto dos estudos raciais, para refletir acerca das experiências de racismo baseadas na coloração mais clara ou mais escura da pele de uma pessoa negra. Como já apresentado neste capítulo, o processo crescente da entrada de pessoas negras na universidade é acompanhado por um aumento na autodeclaração de pretos e pardos entre os estudantes. Nesse ínterim, a categoria *colorismo* pode ser acionada de diferentes formas a depender do debate e de quais atores participam da cena em questão.

Na narrativa de Carolina, o *colorismo* surge quando se refere ao momento "desse povo aí todo se declarando pardo". Na entrevista de Taina, o termo aparece com força ao relatar que, no processo e saída dos brancos do NCN, o coletivo passou a discutir "aquelas coisas do que é negro e branco... aquelas paradas de colorismo". Para outra interlocutora, o termo surge quando ela que se via como *o último tom de negro*, entra na universidade e descobre que a paleta cromática do que é ser negro é mais ampla e "passa a entender essas coisas de colorismo". Desse modo, *colorismo*, assim como *branquitude*, emergem como categorias centrais no processo de enegrecimento e construção da identidade coletiva desses sujeitos. Contudo, a partir das narrativas podemos observar que enquanto *branquitude* é utilizada para marcar uma oposição estratégica, ou contingente nos termos de Brah (2006), a *eles*, que seriam os brancos, a categoria *colorismo* toma um caráter mais interno, ao ponto que às vezes é utilizada para refletir acerca da pluralidade "do que é ser negro", mas também como meio de questionar quem seria incluído nesta identidade ou não.[12]

Durante a pesquisa, pude observar cenas de questionamento da identidade racial de uma pessoa *negra de pele clara* – nas quais algumas vezes eu estava incluída. Entretanto, era também constantemente levantada em campo a necessidade de se discutir sobre colorismo, para que cenas como aquelas *não se repetissem*. Vale ressaltar que esses dois tipos de situação eram, na maioria das vezes, protagonizados por pessoas vistas como *negras de pele escura*.[13] Nos momentos de discussão sobre o tema, era acionado o texto de Sueli Carneiro (2016) acerca dos

---

[12] Avtar Brah (2006) sugere compreendermos as categorias de oposição operadas no campo político como historicamente contingentes dentro de um conjunto de práticas discursivas e materiais. Compreendo que as diferenciações e aproximações operadas em campo são contingenciais e devem ser lidas a partir de um recorte histórico e relacional entre os atores e o conjunto de oportunidades políticas colocados para cada um deles.

[13] Destaco, que apesar de colorismo ser utilizado muitas vezes para questionar a identidade racial de pessoas negras de pele clara, a

negros de pele clara, no qual ela afirma que "a branquitude é, portanto, diversa e multicromática. No entanto, a negritude padece de toda sorte de indagações".[14] Ainda nesse texto, Sueli afirma que "as redefinições de identidade racial vêm sendo empreendidas pelo avanço da consciência negra". Nesse sentido, é perceptível que os espaços de *formação* continham um esforço coletivo de compreender "o que seria ser negro" num contexto que muitas vezes poderia se diferenciar "do que seria ser negro" nos locais de origem de cada sujeito.

Em conjunto com os textos e as formas complexas que o *colorismo* surge em campo, podemos afirmar que estamos num contexto em que existe um encontro entre quem pensou as políticas de cotas e quem as utiliza. Ao ponto que historicamente o movimento negro fez o esforço de construir a categoria negro, complexificando o racismo no Brasil e o processo de embranquecimento, se conquista a política de cotas onde se reúnem as categorias pretos e pardos (negros), aplicada em todo território nacional. Dado a conquista, passam a entrar cada vez mais jovens que se autodeclaram negros vindos de formações complexas e diversas do que seria ser negro, a depender da sua localidade de origem e sua aproximação com o debate de racismo e embranquecimento. Desse

---

categoria também é usada em campo como meio de reivindicação e defesa por parte dos que são acusados de não negros.

[14] Disponível em: https://bit.ly/41yNKN8. Acesso em: 11 nov. 2024.

modo, arrisco dizer que neste panorama, amplificado pela constante entrada de jovens negros na universidade e sua mobilização política, estaríamos vivendo um momento no qual o movimento negro se encontra em uma intensa "redefinição da identidade racial pelos avanços da consciência negra", como afirmou Carneiro (2016), uma conjuntura em que os jovens estariam à frente dessa transformação

Apesar da categoria *colorismo* apresentar uma complexidade do que seria ser negro em campo, a noção de "tornar-se negro", assim como em Lélia Gonzalez, é pensado como uma construção coletiva constante: "a gente nasce preta, mulata, parda, marrom, roxinha dentre outras, mas tornar-se negra é uma conquista".[15] Nessa linha, Samira Soares, durante a entrevista em abril de 2018, tinha 23 anos. Ela se identificou como uma mulher negra sapatão e era de Lençóis, uma cidade no interior da região da Chapada de Diamantina no estado da Bahia. Era também estudante de Bacharelado Interdisciplinar em Humanidades da UFBA e integrante do coletivo Enegrecer. Samira tinha em Lélia uma grande referência, nos ajuda a sintetizar esse processo de "tornar-se negro na universidade". Ela afirma:

> Pra mim é justamente esse processo de você ver que você, por mais que esteja numa estrutura que deveria ser de igualdade, por exemplo, todos nós entramos

---

[15] Disponível em: https://bit.ly/3Xk5KrV. Acesso em: 11 nov. 2024.

pelo Enem, você é condicionado a um lugar de subalternidade. E esse lugar de subalternidade é o que te diferencia dos demais. Porque quando você é um negro que fala sobre a situação racial em sala de aula, você já é menosprezado. Tanto pelos professores quanto pelos alunos. Desde o processo de você compreender que existe uma intelectualidade que é branca, e você quer confrontar aquilo, você já é negligenciado também. Até o processo de você querer produzir numa perspectiva racial, e as orientações não querem que você fale sobre aquilo [...] o tornar-se negro é como te situam enquanto negro na universidade. Que é essa questão de você, independentemente de ter entrado por cota ou por ampla concorrência, o marcador negro te diferencia em sala [...] o tornar-se negro é justamente se compreender nessa estrutura [...] Então, são várias violências que a gente sofre e que é muito complicado porque... É aí retomo de novo tornar-se negro de Neusa Santos, que ela vai dizer essa questão do quanto a gente busca uma ascensão social. A gente quer sair desse lugar de ser pobre, de estar na subalternidade. Mas é construído pra nós que a ascensão social é branca. Então a gente tem que se embranquecer, se moldar ao sistema branco racista pra conseguir ter acesso. Então se eu for uma negra rica, eu tenho que ser uma negra rica que seja de boa com o cara racista. Porque ele tem grana também e eu tenho que tolerar ele no mesmo espaço que eu e tá tudo bem. Essa é uma consequência de ser uma negra rica, porque a riqueza é construída pra ser só das pessoas brancas, como se nós tivéssemos que ser eternamente pobres e que a gente não pudesse sonhar em ser rico. Eu, por exemplo, quero ter grana, quero estar esbanjando dinheiro pra ajudar os meus e pra meter o louco também porque eu tenho esse direito. Mas eu sei que, desde a universidade, quem vai ter oportunidade de estágio vão ser os meus colegas brancos [...] por isso que a gente tem que tá em um grupo para sobreviver [...] Então isso que é tornar-se negro, é se ver violentado constantemente pela estrutura racista institucional que faz com que a gente seja subalterno socialmente. É bem complicado (Samira, entrevista em 17/04/2018).

A fala de Samira organiza o que venho apresentando, além de acrescentar a *negligência* intelectual como uma violência muitas vezes reativa desse processo de "tornar-se negro" que *confronta* em sala de aula. Além disso, ela pontua que "tornar-se negro" não é uma questão exclusiva da formação da identidade racial, mas dos "sujeitos como um todo", ou seja, de sua situação de classe, gênero, sexualidade e por conseguinte dos limites e possibilidade de "ascensão social".

Expandindo a perspectiva de Samira acerca das transformações desse processo no todo da universidade, Nilma Lino Gomes, em artigo de 2011, afirma que o processo de "tornar-se negro" não causa exposição da construção de identidade racial apenas do negro, mas do sujeito racial que a ele se opõe, "o branco". Ou seja, esse processo, além de modificar e construir subjetivamente os sujeitos negros, modifica a universidade, pois, de certa forma, força os brancos a refletir sobre "branquitude" e sua construção racial (Gomes, 2011).

Assim, à luz de Patricia Hill Collins (2019) acerca do "poder da autodefinição", podemos afirmar a partir da noção de "tornar-se negro na universidade", que a identidade não é um objetivo, mas um ponto de partida no processo da autodefinição moldado pelas múltiplas marcações sociais dos sujeitos. Desse modo, "tornar-se negro" é um processo de nomear as *experiências*, transformando o silêncio em linguagem e em ação num "ato de autorrevelação". Entretanto, para nomear as experiências e falar sobre as emoções e afetos é necessário a construção de um "espaço seguro" (Collins, 2019).

Nesse sentido, os coletivos surgem como "espaços seguros" nos quais é "seguro" se falar sobre as experiências e os afetos, e a partir do ato da fala se construir as subjetividades e, consequentemente, a autodefinição. Em outras palavras, possuir um discurso sobre si, ou "tornar-se negro na universidade", é um aspecto central para produzir ação política e transformar a estrutura social. Nesse sentido, partindo do pressuposto que os coletivos são e se reformulam como "espaços seguros" exploro, no próximo capítulo, mais densamente como esses espaços se constroem enquanto *confortáveis* e de *sobrevivência*, ou seja, de *acolhimento* no cotidiano.

Encontrando o feminismo negro

Cena 1

Em março de 2018 foi realizado o I Curso de Formação Felipe Doss, organizado pelo coletivo Quilombo. Como o coletivo era formado por grande parte dos integrantes do KIU!, com o qual eu estava em diálogo, acompanhei o curso. No final do primeiro dia, foi realizada uma Cultural, ou seja, uma festa. Em algum momento da festa, Tifanny passou a justificar que apesar de sua pouca idade estava sentada porque estava muito cansada e que fazer *aquilo tudo* era muito cansativo e muito estressante. Todos concordamos e logo eu a questionei do por que ela achar que, apesar de tudo, a gente estava ali? Ela responde: *Para sobreviver!* E continua: "eu sou uma bicha preta. Estar em coletivo para mim é uma questão de sobrevivência. Se não fosse isso, eu além de não descobrir coisas incríveis, duvido que eu ia conseguir passar por tudo. Você acha que é fácil tá aqui falando de tudo que a gente fala e olhando para a cara dele [aponta para o cartaz com a foto de Doss] em todos os lugares? É foda! Mas a gente acredita e por isso que a gente tá aqui. É por acreditar que a gente se junta e por se juntar que a gente sobrevive".

Criando política com(dos) afetos

No decorrer do trabalho de campo, pude observar que o que mais importava para os integrantes dos coletivos era *se encontrar* e que a organização de eventos e mobilizações políticas seriam resultados da realização desse primeiro desejo. Assim, a cena de campo apresentada na abertura deste capítulo ajuda a compreender como os coletivos se constituem como espaços de *acolhimento* – ou até de *sobrevivência* – à *solidão* sentida ao entrar na universidade, trazida no capítulo anterior.

Em dissertação acerca dos coletivos negros na Universidade de Brasília (UnB), Bianca Caixeta (2016) propõe pensarmos os coletivos universitários negros como "Quilombos afetivos". Os dados apresentados pela autora corroboram a leitura do acolhimento como uma razão para participação no coletivo e este como responsável pela construção do pertencimento tanto racial, como em relação à universidade. Além disso, os sentidos de acolhimento passam por diferentes razões a depender do contexto e das singularidades de cada sujeito.

Para Milena Oliveira, integrante do NCN/Unicamp, ser *acolhida* no Núcleo, após *vivenciar* uma situação lida por ela como racismo dentro da universidade, a fez passar a compor o coletivo. Milena, no momento da entrevista realizada em setembro de 2018, tinha 27 anos e se identificou como uma mulher negra cisgênero e heterossexual. Ela realizou sua graduação em Ciências Sociais na Unicamp e em 2016 tinha se tornado "a única

menina negra a entrar no mestrado na demografia".
Durante a entrevista, ela contou:

> Eu entrei no núcleo, porque... foram duas questões
> na verdade, né. Eu já tinha sido seguida na rua por
> um homem me pedindo para entrar no carro dele,
> enfim... E isso foi muito traumatizante isso é um
> ponto extra sim mas que acho que ajudou a minha
> ida para o núcleo. Além disso, eu sofri... Aconteceu
> um caso de racismo comigo na universidade. Eu
> estava andando perto do CEL, que é o Centro de
> Estudos de Língua, com uma amiga que é branca e
> aí um moço mexeu com a gente e chamou de, "aí...
> gostosas... alguma coisa..." E aí eu xinguei o moço
> e falei "ah, vai tomar no seu cu!" e aí ele veio vindo
> para cima da gente assim, tipo meio doido. E aí ele
> começou a xingar meu cabelo, falando: aí, você é
> uma vagabunda, vai cortar esse cabelo, e não sei o
> quê, que ridículo..." e eu fiquei tipo muito espan-
> tada, porque eu falei gente como que é dentro da
> Universidade isso ainda acontece assim e como que
> esse moço acha que ele vai me intimidar falando do
> meu cabelo e para quem eu denuncio isso? Quem
> tem que saber disso? E aí eu não sabia, e eu postei no
> Facebook o que tinha acontecido e perguntei quem
> sabia onde que eu poderia ir. E aí um amigo veio
> falar comigo e ele falou para qualquer coisa eu apa-
> recer um dia na reunião do Núcleo de Consciência
> Negra e aí eu fui e tô desde então [...] Eu conversei
> com o Teófilo, pelo Facebook, e perguntei para ele
> "ah, quando que acontece?". Ele falou: "acontece

toda semana nas sextas, nas mesinhas do PB e aí é só você aparecer lá". E aí eu apareci, conversei sobre o que tinha acontecido, a galera me orientou. Eu lembro que na época o núcleo estava criando é um dossiê dos casos de racismo da Unicamp, então achei muito interessante. E aí eu já fui para ficar, já fui fazendo parte. Eu lembro que eu fui em algumas reuniões, em algumas assembleias com o pessoal do núcleo, mas assim não representando o núcleo mas a gente estava sempre juntos discutindo as ideias e aí eu continuei só indo nas reuniões. Não foi uma coisa "a partir de agora você é parte do núcleo" (risos), mas foi acontecendo. E aí pegando responsabilidade, coisas para fazer, e aí "vai discutir em tal instituto então sobre tal coisa" e aí a gente vai, e foi assim [...] sobre a denúncia, o Teo me explicou que eu tinha para denunciar era na ouvidoria da Unicamp, mas eles também relataram do quanto estava insatisfeito com esse canal e aí eu decidi não fazer nada, até porque eu imaginei que ia ser muito desgastante. E aí para mim tá no núcleo e receber o apoio que eu recebi, já foi satisfatório. Eu vi que a minha ação poderia ser muito melhor estando no núcleo do que denunciando para a ouvidoria mais um caso que eles não iriam concluir (Milena, entrevista em 28/09/2018).

Desse modo, Milena, que aborda um integrante do Núcleo via rede social, se sente acolhida após uma situação de violência que, para ela e para o coletivo, não seria respondida satisfatoriamente no âmbito institucional da universidade. Para ela, o ocorrido a fez compreender o quão "violento é o racismo e o machismo e que até dentro da universidade ela estaria sujeita" a eles. Após esse diagnóstico, Milena se aproxima do grupo de pessoas que ela identificou como *parecidas com ela*, ou seja, pessoas que poderiam ter *vivenciado* situações semelhantes, o que construiu a sensação de *acolhimento*. Mais à frente em sua narrativa, Milena nos traz o sentido da ideia de racismo e da "importância da luta das mulheres negras para a construção de um lugar de cuidado". Ela diz:

> Eu acho que [o coletivo] é um espaço importante de acolhimento, de fortalecimento. Acho que a gente é bombardeado o tempo inteiro com o racismo de todos os lados e aí a gente precisa ter algum momento assim, com os seus, sabe? Com pessoas que te entendam, que entendam o seu universo e aquilo que você passa. Por que as pessoas brancas da Universidade, às vezes, parece que elas acham que é tudo da sua cabeça, e não é. Não é enquanto indivíduo. O racismo ele não é individual, ele é uma questão coletiva e a gente precisa discutir ele coletivamente. Porque ele nos afeta enquanto mulheres negras, afeta os meninos enquanto os meninos negros, afeta a sociedade como um todo. Então, se a gente realmente quer ser uma sociedade mais justa, preza pela saúde mental das pessoas dentro da Universidade, eu acho que é imprescindível que esses espaços existam. Mas é também um espaço de luta política. Onde a gente se entende, se fortalece enquanto indivíduo, enquanto ser dotado de um

psicológico, às vezes maltratado, mas é também um espaço importante de luta política. Porque é principalmente a partir das mulheres negras que as lutas se dão e a partir desse espaço de resistência que as coisas vão se proliferar. Eu aprendi aqui na Unicamp, muito com o núcleo, que é a gente se cuidar, cuidar um do outro. Então, acho que esse espaço para mim foi muito importante em relação a isso e fico pensando que talvez para outras pessoas também (Milena, entrevista em 28/09/2018).

Na narrativa de Milena, podemos observar como o coletivo surge primeiro como um lugar de *acolhimento* e *fortalecimento* e, de certo modo, *imprescindível* para a *saúde mental* desses estudantes que são "bombardeados o tempo inteiro com o racismo". Ainda para Milena, um dos motivos do coletivo ser *imprescindível* é que ali seria o espaço de *formação*, em que se passa a compreender que "as situações de violência sofrida são resultado do racismo" e este como uma questão *coletiva e não individual*. Portanto, é após esse conjunto de significados que o coletivo recebe que a luta política surge. Ou seja, o coletivo é "também um espaço importante da luta política", mas não só, e essa luta é referenciada na *luta das mulheres negras*.

Essa relação que Milena realiza da conexão da luta política no NCN com a luta das mulheres negras é colocado por diversas interlocutoras. Para Taina, o caminho para se criar um *espaço afetivo* no coletivo é se referenciando no "modo de fazer política proposto pelas feministas negras". Em passagem da entrevista de Taina, ela reafirma essa percepção:

> Eu vou pegar esse exemplo do espaço confortável, a gente teve que criar um espaço, afetivo, isso pra mim é uma questão que o feminismo coloca, o feminismo negro, não no sentido de se amar, mas no sentido de ter intimidade pra inclusive tretar com você e no dia seguinte você estar lá de novo, entendeu? A gente começou a criar espaços dentro do núcleo que era pra além daquela forma política partidária [...] Enfim, a gente criou outros mecanismos que foram, não sei se é uma militância, é, a cara é feminista, porque tem muita influência, mas não é uma militância feminista em si, mas a gente teve muitas lições com o feminismo, né (Taina, entrevista em 10/10/2018).

Influenciada por bell hooks, autora que ela cita em outros momentos da entrevista, o "amor" e a "construção da intimidade" surgem como "ato de resistência e um modo de fazer política". Em seu texto "Vivendo de amor" (2000), bell hooks nos traz uma reflexão elaborada acerca da "incapacidade de dar e receber amor" na comunidade negra como um resultado do sistema escravocrata. A autora, assim como outras produções no campo, realiza um resgate histórico no qual a escravização torna-se origem das "dificuldades coletivas com a arte do ato de amar", cultivando na comunidade negra um controle das emoções. Isso posto, o *afeto* – ou o "amor" – surge como estratégia nos coletivos para não apenas *sobreviver*, mas também para "viver plenamente".

Nesse sentido, para bell hooks (2000), assim como para Collins (2019), falar dos afetos está longe de ser considerado uma fraqueza ou distante do que se pode considerar político. Para as autoras, assim como fora observado nos coletivos, falar dos afetos torna-se central para a reformulação de si e, por conseguinte, para a ação política e a construção do sujeito político. Apesar de Collins formular o conceito de "espaço seguro" e da "autodefinição" observando espaços exclusivos de mulheres negras, creio que esta análise também pode ser aplicada nesse campo de trabalho. Afirma a autora:

> As lutas individuais para desenvolver uma consciência transformada ou a persistência de grupo necessária para transformar instituições sociais – ambas são ações que realizam mudanças que empoderam as mulheres afro-americanas. Ao persistir na jornada rumo à autodefinição, nós somos modificadas como indivíduos. Quando conectados à ação de grupo, nossos esforços individuais ganham novo significado. Como nossas ações individuais mudam o mundo em que nós meramente existimos para um no qual temos algum controle, elas nos permitem a enxergar a vida cotidiana como um processo e, portanto, passível de mudança. Talvez seja por isso que tantas mulheres afro-americanas conseguiram persistir e 'encontrar um caminho onde não havia saída'. Talvez elas conhecessem o poder da autodefinição (Collins, 2019, p. 35).

Entretanto, construir um *espaço confortável*, ou um "espaço seguro", no qual haja a troca de *afeto*, não é visto como uma coisa fácil. Retomando a narrativa de Taina, ela aponta como esse *lugar confortável* é construído cotidianamente e com conflitos. Ela diz:

> Um espaço confortável, não tem uma fórmula, você tem que fazer acontecer e é isso que eu acho que aconteceu com o núcleo, as pessoas nunca iam descobrir, enquanto elas ficassem discutindo, como que a gente vai fazer (andar esse grupo) e não falasse: "olha, não tô gostando disso, tá acontecendo isso, eu acho que é por isso, pode ser por gênero, pode ser por inveja, pode ser por raça, pode ser porque você tem a pele mais clara". Não que às vezes eu não me sinta desrespeitada com alguma coisa, mas é isso, tem pessoas no núcleo que eu olho pra elas e falo assim "gente, o que esse ser, como que você entende um ser desse?" porque não dá pra entender, a pessoa vai, toma na cara, escuta e toma, toma, toma, várias vezes, não foi uma vez só, aí sexta-feira seguinte a pessoa tá lá, então se a pessoa tá lá é porque aquilo é importante pra ela e ela tá aprendendo, aí como que você percebe isso? Porque a gente continua discutindo machismo, a gente continua discutindo colorismo, a gente continua discutindo as coisas que aquelas pessoas discutiam e hoje esse espaço seguro existe, entendeu? Você vê como as pessoas vão mudando a discussão sobre racismo, têm pessoas lá que dois anos atrás tinha uma discussão bosta, de tipo ah, o que todo mundo já sabe, os negros

são oprimidos e tal. Hoje você vê a pessoa falando sobre racismo, você fala "caralho, mano, isso aqui realmente teve uma diferença, porque essa pessoa não viu isso na casa dela, ela não viu isso na sala de aula, pessoas, muitas pessoas que chegam no núcleo e falam... eu me identifiquei com as discussões porque vocês conseguem falar o que eu tô sentindo", entendeu? Então acho que, sei lá, isso pra mim é incrível, entendeu? (Taina, entrevista em 10/10/2018).

Dessa maneira, a construção do *lugar de afeto* ou *espaço confortável* passa pelo cotidiano das trocas de *experiência*, nas quais esses sujeitos criam identificações entre si. Por exemplo, foi colocado por mais de um integrante do NCN que o fato de todos irem almoçar juntos no *bandejão* após a reunião representava uma construção cotidiana do *lugar confortável*. Letícia quando fala sobre isso, afirma: "é um lugar onde eu me sinto bem, assim, eu acho que aquilo da gente fazer reunião e depois ir todo mundo almoçar junto, é uma parte de você se sentir parte de alguma coisa".

Além de Letícia, durante o trabalho de campo, eram recorrentes integrantes que não iam para a reunião e só chegavam para o momento do almoço coletivo. Milena, após uma reunião, a caminho do *bandejão*, falou que apesar de não ter aulas nas sextas-feiras, às vezes saía de casa só para almoçar com todo mundo junto. Ela continua: "chegar no bandejão e ver aquela mesa cheia de preto é a imagem mais bonita das minhas semanas".

Apesar dos *afetos* serem politizados e racializados em todos os coletivos, essa relação não se encaminha sem conflito. Ao fim das mobilizações pelas cotas na Unicamp, seguidas da sua aprovação, foi comum ouvir dos integrantes do NCN que *estavam cansados*.[16] Paralelo a isso, eles passaram a ser convidados para as mesas de discussão sobre o tema em outras universidades e as propostas de atividades políticas coletivas se intensificaram. Esse conjunto acabou gerando um conflito interno entre os que acreditavam que todos deveriam *pegar tarefa* e outros que defendiam que não se deveria obrigar ninguém a *militar*.

Nesse sentido, a ideia de *lugar confortável* em alguns momentos se encontrava em conflito com a ideia do que seria *militância*. Neste caso, a defesa do *espaço confortável*, no qual as pessoas podem "escolher em que e como militar" ganhou no argumento. Contudo, no decorrer da mobilização das cotas, por exemplo, "ter que militar apesar de estar cansado", era defendido coletivamente como uma *responsabilidade*. Tal definição relacionava-se à ideia de uma grande conquista, como as cotas raciais na graduação da Unicamp. Nos espaços do KIU!/UFBA e da Quilombo, por exemplo, esse conflito era falado

---

[16] A Unicamp foi uma das últimas universidades brasileiras a aprovar o sistema de cotas na seleção do vestibular. A luta pela aprovação era antiga na universidade, mas se intensificou em 2015 resultando na aprovação em 2017. Assim, a etnografia no NCN acompanhou grande parte dessa movimentação. Para uma descrição desse processo, ver: Lima (2020).

em rodas de conversa informais, mas não observei ser colocado como uma discussão no coletivo, dado que *militar* era colocado como a centralidade desses coletivos.[17]

Além disso, a centralidade dos *afetos* e o incentivo para partilhar as *experiências* levam a esses espaços de troca questões que são lidas como *processos de adoecimento*. Em diversas situações, me deparei com os debates e conversas, sobre sofrimento psicológico, cujos rumos tomaram caminhos mais emocionados e intensos. O compartilhamento do *sofrimento* de estudantes negros militantes e não militantes era seguido da defesa de que se "deve ter força, mas que é muito difícil continuar". Como veremos, na sequência dos relatos de *experiências de racismo* era sempre dito que "estamos juntos e que juntos somos mais fortes".

Acolhimento, adoecimento e cura em coletivo

O "sofrimento ocasionado pelo racismo" surge como umas das razões mais concretas, nas narrativas, para a importância e a defesa do coletivo como um *lugar de cuidado*. Entretanto, vale ressaltar que o *sofrimento* visto como provocado pelo racismo não é colocado como exclusivamente gerado pela universidade, mas o *genocídio*, por exemplo, surge como "algo que os estudantes negros tem que lidar".

---

[17] A Quilombo era um coletivo de movimento estudantil formado por estudantes vinculados ao Partido dos Trabalhadores (PT).

Azula, da Frente Negra da UERJ, no início de sua entrevista, relatou os momentos e processos de *adoecimento* de uma amiga que era mulher trans negra, estudante da UERJ, que tinha falecido há pouco tempo aos 24 anos, em decorrência de uma pneumonia. Apesar das pausas silenciosas e choro enquanto contava a história, Azula dizia que queria contar, pois "é importante a gente colocar a memória dessas pessoas". Ela continua:

> Ela trabalhava em creche, mulher trans, pedagoga, trabalhando com crianças pequenas, fazendo uma parte importante da vida de um ser humano que é a infância. Então ali no meio desse processo de aprendizagem. Uma pessoa muito revolucionária. A gente fez algumas mesas pra debater justamente essa questão, ser LGBT e preto. Porque é tipo, o que é isso? Como a gente vai falar disso? Quem a gente vai referenciar? Porque a gente estava a fim de referenciar as vivências dessas pessoas. E aí acabou sendo muitas vezes um debate sobre vivências, pra gente poder entender como era a nossa própria realidade. E aí ela era uma pessoa que a gente convidava [...] E aí ela morreu no meio dessa maluquice toda chamada genocídio, que pega a gente de calça curta quando a gente não espera. E aí você está ali seguro, acreditando que na universidade você está tirando a bala daqui da sua cabeça, deixando ela um pouquinho mais distante. E, na real, você passa por outras coisas [...] Eu lembro que quando a gente montou o coletivo, foi um menino na reunião que tinha tentado suicídio. A gente não sabia. Dois dias

depois ele se matou. Lá do Direito. E a gente conheceu ele numa reunião pra falar sobre bichas pretas, pra falar sobre como era estar na universidade, não sei o quê e tal. E estava na maior treta. E foi no meio de tudo isso. A Frente Negra surgiu no dia, eu lembro que essa primeira reunião da Frente Negra foi no dia que descobriram que esse menino tinha morrido [...] A gente começou dos mortos, mas a gente também está vivo e estamos aí, né? (Azula, entrevista em 12/12/2018).

A aproximação com a morte e o medo de ser uma próxima vítima do *genocídio da população negra* perpassa a narrativa de todos os jovens, direta ou indiretamente, ao falar sobre "adoecimento e cura coletiva". Desse modo, não poderíamos cair no erro de pensar a construção desses corpos, das identidades e dos afetos, sem considerar a realidade social pela qual esses corpos jovens negros são marcados na sociedade. No processo de compreensão do racismo, machismo e LGBTQIAP+fobia, esses sujeitos passam a se entender como um possível alvo da violência que pode chegar ao aniquilamento físico do corpo. Acreditar que "na universidade você está tirando a bala da sua cabeça" não é uma afirmação realizada apenas por Azula e sim reafirmada como um aspecto importante do sofrimento relatado por esses jovens.

Vale ressaltar que a luta e o diagnóstico do genocídio não é uma pauta recente do movimento negro. Em obra escrita em 1978, que também é lida nos espaços de *formação*, Abdias Nascimento publica o livro *O genocídio do negro brasileiro: processo de um racismo mascarado.* A obra, que tem como objetivo denunciar o mito da democracia racial, faz uso de dados estatísticos – ou de sua ausência – para demonstrar a diferença entre negros e brancos no acesso à saúde, educação, moradia e na mortalidade, sendo esses índices a demonstração do processo de "genocídio" que a população negra brasileira sofre. Em outras palavras, Abdias se distancia da noção de genocídio como somente a violência letal e propõe pensarmos o termo ligado "a ideia de sistema", na qual a falta de acesso à educação, à saúde, assim como o encarceramento em massa, também faz parte desse "processo genocida". Afirma o autor:

> Além dos órgãos de poder – o governo, as leis, o capital, as forças armadas, a política – as classes dominantes brancas têm à sua disposição poderosos implementos de controle social e cultural: o sistema educativo, as várias formas de comunicação de massa – a imprensa, o rádio, a televisão – a produção literária. Todos esses instrumentos estão a serviço dos interesses das classes no poder e são usados para destruir o negro como pessoa e como criador e condutor de uma cultura própria (Nascimento, 2002, p. 142).

Em 2018, ano em que essa obra de Abdias Nascimento completou quarenta anos, e como resultado de todo conjunto da luta do movimento negro, aconteceram um conjunto de homenagens, entre elas a realizada pela

ONU Brasil, no bojo da Década Internacional Afrodescendente (2015-2024), e da Campanha Vidas Negras, que promoveu uma campanha publicitária denunciando que, a cada 23 minutos, um jovem negro é assassinado no Brasil.[18]

Compreendendo o genocídio como um processo, Jurema Werneck (2016) apresenta como as mobilizações pela criação de uma política de saúde voltada para a população negra se intensificaram a partir de 2001. A autora afirma que a Política Nacional de Saúde Integral da População Negra (PNSIPN), instituída pelo Ministério da Saúde em 2009, aponta o racismo como determinante de adoecimento e morte precoce de mulheres e homens negros. Desse modo, em acordo com a leitura de Azula, a morte prematura por pneumonia de Shelida e o suicídio do jovem integrante da Frente Negra da UERJ são "resultados do processo de genocídio", ou seja, do racismo que, segundo a PNSIPN, é considerado um forte determinante social de saúde.

Além da questão racial, e considerando também os marcadores de gênero e sexualidade dos interlocutores desta pesquisa, cabe ressaltar que, apesar de não haver registros oficiais de mortes por LGBTQIAP+fobia, a partir do levantamento realizado pelo Grupo Gay da Bahia, é possível afirmar que o Brasil é um dos países que

---

[18] Disponível em: http://decada-afro-onu.org/, http://vidasnegras. nacoesunidas.org/ e https://bit.ly/3D7Tq7f. Acesso em: 5 fev. 2020.

mais mata LGBTQIAP+ no mundo. Destaca-se ainda que, dentre estes números, a população composta por travesti e transexual é a que apresenta os maiores índices de homicídio.[19]

Viver cotidianamente com o racismo, ou seja, com o *genocídio*, nos obriga a entender a importância dos *afetos* e do *cuidado*, assim como nos propõe bell hooks (2000), como uma "condição pra viver plenamente". Assim, visto que "viver" já é considerado uma conquista, o modo como se vive passa a ser referenciado no *cuidado*, já que "para o mundo eu seria melhor morta", como um dia me afirmou Tiffany.

A ampliação do conceito de *genocídio* e a compreensão do "viver plenamente" vêm sendo utilizada pelo movimento de mulheres negras a partir da categoria "bem viver". Vale ressaltar que a Marcha de Mulheres Negras[20] foi um movimento importante que influenciou diretamente a organização política dos coletivos, a partir da intensificação da leitura de feministas negras e da consequente busca da construção de um *espaço confortável*. Portanto, é importante considerar alguns

---

[19] Disponível em: https://antrabrasil.org/. Acesso em: 11 nov. 2024.

[20] A Marcha das Mulheres Negras Contra o Racismo, a Violência e Pelo Bem Viver, realizada no dia 18 de novembro de 2015, levou 50 mil mulheres para Brasília e se constitui como um marco no movimento não só de mulheres negras. A Marcha foi o resultado da movimentação em todas as regiões do país por mais de três anos e seus reflexos são observados na organização de todos os coletivos pesquisados.

aspectos que surgem nas formulações da Marcha para compreendermos os usos e noções de "adoecimento e cura" presente no campo.

Já em seu título a Marcha traz o termo "bem viver" como um dos objetivos das mulheres negras para o mundo. Na Carta das Mulheres Negras, a formulação de "bem viver" é usada como uma forma de reconstrução das relações. Em artigo, Ângela Figueiredo (2018) afirma que as mulheres negras ampliam o conceito de bem viver:

> No caso em destaque, as mulheres negras não só utilizam o conceito de "bem viver", como o amplia, visto que também denunciam a falência do processo civilizador em curso. O Estado não assegura os direitos mínimos, o que torna a tarefa das mulheres negras demasiada, pois, é preciso assegurar a sobrevivência da população negra em sua dimensão cotidiana e, no limite, como espécie humana. Este compromisso histórico com a sobrevivência coloca as mulheres negras em uma posição importante, no sentido da construção de um novo horizonte histórico, na defesa das condições de suas próprias vidas e da defesa das demais vidas do planeta, por que não queremos subverter a ordem hierárquica, agora nos colocando no topo da hierarquia, ao invés de ocupar a base. Não, certamente não queremos isso, pois queremos muito mais, queremos transformar, subverter e desintegrar a colonialidade global do poder contra toda forma de dominação e exploração da existência social. Como diz Quijano

(2014, p. 47): "Es decir, una des/colonialidad del poder como punto de partida, y la autoproducción y reproducción democráticas de la existencia social, como eje continuo de orientación de las prácticas sociales" (Figueiredo, 2018, p. 1094-1095).

Assim, a dimensão de "bem viver" e as formulações da Carta da Marcha[21] estão relacionadas diretamente à "luta pelo direito de sentir". Ou seja, à luta pela transformação dos afetos em linguagem e em ação política, o que mais uma vez evidencia a influência das formulações do movimento de mulheres negras na organização política dos sujeitos e dos coletivos negros na universidade.

Ainda na narrativa de Azula, ela traz que o processo de *cura* é relacionado ao coletivo e também muitas vezes na busca da *ancestralidade*. Ela diz:

> Acho que isso tá nesse olhar da cura. Porque acho que se não tivesse essa galera preta aqui ia ser insuportável estar aqui. Ia ser completamente insuportável estar aqui, eu nem sei. Porque a gente realmente segura o rojão, sabe? [...] não tenho mais aquela coisa que eu tinha pra conseguir segurar esse role aí. Aí está nessa coisa aí de me tratar, de conseguir entender até onde eu vou. Existem pessoas que vão conseguir passar a vida inteira com um microfone na mão gritando. E outras pessoas vão ter outras formas de fazer isso. Cada um tem um limite para as coisas.

---

[21] Disponível em: https://bit.ly/3QCJXYA. Acesso em: 11 nov. 2024.

E eu entendi que o meu estava num outro lugar. Até um pouco pela relação que eu tenho lúdica com as coisas. E eu consigo... eu tenho muita potência pra política, mas eu acho que tenho mais potência pra outras coisas. Eu acho que eu rendo mais, meu corpo suporta mais em outros lugares. Aplausos para os que ficam. Não estou aqui pra criticar, estou aqui pra exaltá-los. Mas eu realmente não posso fazer mais o tanto como era daquela forma, não. E tô me cuidando. Dei uns rolezinhos no Candomblé, tô entendendo um pouco. Isso é bem recente pra mim (Azula, entrevista em 12/12/2018).

Nesse sentido, a ideia de que a *cura* passa por estar em espaços no qual são compartilhadas as mesmas *vivências e experiências*, podendo envolver desde o coletivo até uma aproximação com a religião. Nesse aspecto, vale ressaltar que durante a pesquisa foi comum ouvir relatos e/ou acompanhar a aproximação de alguns interlocutores com religiões de matriz africana, especificamente o Candomblé.

Apesar de não ter encontrado trabalhos que demonstrassem esse fenômeno, era comum em rodas de conversa informal sobre o assunto ouvir comentários sobre o crescimento do número de amigos – também negros universitários – no Candomblé. Assim, a busca por esta religião de matriz africana retoma a ideia de Fanon da importância do passado na construção do sujeito: "O branco estava enganado, eu não era um primitivo, nem tampouco um meio-homem, eu pertencia a uma raça que há dois mil anos já trabalhava o ouro e a prata"(Fanon, 2008, p. 119). Aqui, a *ancestralidade* surge como central no processo de construção da identidade desses sujeitos e também como meio ritual de *cura* para os *sofrimentos*.

Aiye, integrante da Frente Negra da UERJ, que também se identifica como *bicha preta* e se reaproximou do Candomblé recentemente, levando Azula com ele, chamou atenção mais uma vez para como a proximidade com a morte cotidiana de jovens negros é um forte fator de *adoecimento*, mas como o movimento é "ao mesmo tempo fundamental para o bem e para o mal". Ele diz:

> Um amigo teve um ataque cardíaco em casa em decorrência da vida, com 21 anos de idade. E aí teve o caso da Shelida, que era estudante trans que sofreu muito por ser uma estudante trans, preta, do movimento negro [...] A família dela é evangélica e aí ela foi enterrada com nome de batismo. E a gente estava lá e estava se despedindo não da Shelida, mas de uma pessoa que a gente não conheceu. E isso foi muito... sabe? [...] São várias porradas que a gente vai levando, várias agressões, micro agressões, que vão colocando a gente num lugar que a gente vai vendo naquele estereótipo racial. Que resistir é algo que não tá colocado. Em alguns corpos eles sentem mais. De uma forma mais pesada. Porque tem esse lado do político, de você fortalecer pra você resistir algumas coisas. Mas é importante falar que esse processo é tão violento, que algumas pessoas não

chegam no final dele. Muitas pessoas não chegam no final e muitas pessoas perdem as suas vidas. Nessa discussão de movimento preto, de genocídio [...] A política não é aquela relação bonitinha romântica que todo mundo imagina. Ao mesmo tempo que é fundamental. É fundamental. Pelo bem ou pelo mal [...] Eu acho mesmo que a gente vai sendo modificado, vai modificando o espaço (Aiye, entrevista em 10/11/2018).

O movimento ou o coletivo como razão de "adoecimento e cura" surge nas falas de todos os interlocutores, nas entrevistas ou em conversas informais. A depender do sujeito, da linha teórico-política e organizacional do coletivo, as razões para essa dupla relação – "adoecimento e cura" – são diversas, mas frequentes. Rodger Richer, que tinha 26 anos na época da entrevista e tinha sido no movimento estudantil durante toda sua graduação em Ciências Sociais na UFBA, disse em entrevista que durante a organização de encontros estudantis ficou "muito, muito, muito doente", mas que foi também a "solidariedade e o coletivo que o curou". Taina também relatou seu processo de depressão enquanto estava atuando no movimento estudantil na UNEB e esse processo de *adoecimento* se tornou a razão para a troca de universidade e de movimento.

Os eventos que compuseram a etnografia no KIU! e na UFBA eram acompanhados de homenagens para Felipe Doss. Tanto no cotidiano do coletivo, como nas falas públicas, a vivência do luto e da morte acompanharam o tempo que estive em Salvador. Em um dos eventos, ocorrido na Faculdade de Comunicação da UFBA, pude acompanhar falas que organizam esse duplo sentimento de "adoecimento e cura" que a militância gera.

No início do evento, foi exibido o filme *Travessias negras*, que trazia narrativas de jovens cotistas negros na UFBA – com a participação de Samira e Rodger. Em seguida, ocorreu o debate com a plateia e Samira pega o microfone. Ela começou exaltando o evento e disse que ele foi realizado por um grupo "auto-organizado de negros que se constrói como resistência na Facom", que mais parece um "cenário de *Malhação* de tão branca". Ela continuou: "a gente sofre vários boicotes. É difícil, porque queremos estudar e tem que ter essa postura militante e isso adoece. Por isso vários estudantes adoecem... A denúncia de racismo não é atual, mas precisamos construir e organizar para romper com a estrutura".

Ao final, a mediadora da mesa fala: "eu não entrei para estatística, não morri e tenho 29 anos, mas enterrei muitos e uns deles, mais recentes, como Felipe Doss, que vai tá presente com a gente sempre. Aqui e em todo lugar!". Ela continua afirmando a necessidade de criar "uma rede de fortalecimento entre eles, pois o racismo é solidão e isso faz sofrer". Desse modo, falas no sentido de se sentir "obrigado a militar por causa do racismo" foram comuns, assim como o reconhecimento dos espaços coletivos como uma forma de se fortalecer.

Outro evento, também tomado por homenagens, foi realizado no Instituto de Geografia da UFBA, nomeado

GeoPreto. A primeira mesa do evento teve falas sobre o *epistemicídio* e uma longa homenagem a Doss, que tinha sido estudante daquele curso. Depois da homenagem, foi dado início à mesa "Afetividades e sexualidades", composta por uma "mulher trans, uma sapatão preta e duas bichas pretas" estudantes da UFBA, de acordo com suas apresentações. As falas são tomadas de muita emoção e momentos de choro. Em um momento de fala da *sapatão preta*, ela diz: "a minha permanência na universidade é um processo muito difícil... Entrar na UFBA é difícil, mas permanecer é muito mais, e o afeto salva e ajuda muito a gente... Quem tá enlouquecendo a universidade somos nós, mas também estamos enlouquecendo".

Outro aspecto que surge, nos eventos apresentados anteriormente, como "razão do adoecimento" é o *epistemicídio*. Para compreender melhor esse ponto, trago um trecho da entrevista de Ane Souza, que relata ter tido *um surto* por se ver como *objeto*. Ela diz:

> Quando você percebe que você é só objeto, tudo que você faz é tudo objetivação do que você é, você não é agente político, você não é nada. Você não lê nada sobre preto ou então você lê os autores racistas do século XIX, início do XX. Pra mim isso foi uma grande crise, isso me fez, meio que, demorar muito tempo pra terminar meu curso também (Ane, entrevista em 04/10/2019).

Ane que no momento da entrevista, em outubro de 2019, tinha 34 anos, entrou na graduação em Ciências

Sociais da UERJ na primeira turma de cotas em 2003. Durante a graduação foi integrante do coletivo Denegrir e Aqualtune. Diferentes de grande parte das histórias citadas, ela já estava realizando seu doutorado em sociologia na Pontifícia Universidade Católica do Rio de Janeiro. Aqui também vale destacar que *epistemicídio* é utilizada como categoria de denúncia e referenciada pela definição de Sueli Carneiro (2005). Segundo a autora, epistemicídio é um conjunto de práticas que nega, dificulta e elimina a produção de conhecimento construída por pessoas negras. Apesar de ser sabido em campo que o termo fora criado por Boaventura de Souza Santos, o autor raramente é citado. Assim, do mesmo modo que ocorre com outras categorias, como "branquitude, colorismo, negritude, afeto", entre outras, *epistemicídio* é utilizada como termo êmico. No entanto, o uso de Sueli Carneiro como a referência principal para o termo reforça a centralidade da teoria feminista negra.

Retomando a fala de Ane, se ver como objeto, e não como agente da história, nos torna "coisa", como diz Fanon (2008). Nesse sentido, além das "causas de adoecimento" já colocadas, o fato de não se ver representado nas obras e nos autores dos cursos surge como outra razão para o *adoecimento* desses sujeitos. Assim, o *epistemicídio* surge como a forma "mais visível do racismo institucional da universidade", esta vista como tendo constantemente o desejo de *expulsar* esses sujeitos daquele espaço.

Ainda segundo a narrativa de Ane, ela afirma que o modo de superar de alguma forma o *epistemicídio* é a "formação coletiva e a militância negra". Ela diz:

> A militância negra que me ensinou os caminhos, não foi o professor na universidade. Professor não te leva pela mão pra escrever, você não entra na bolsa de iniciação científica, na bolsa de extensão [...] Eu aprendo na parte da militância, dos negros, quais são os esquemas pra entrar, o que eu tenho que fazer, o que eu tenho que ter no meu lattes. É com gente preta que já tá. Eu não aprendo isso com a minha orientadora branca. Nenhuma delas, nunca me falam. E eu vejo os negros que não tem esse contato, tão lá com lattes vazios. Eles não falam pra gente, não te ensinam os caminhos, não leem os nossos textos, não leem os nossos projetos (Ane, entrevista em 04/10/2019).

A partir da fala de Ane, podemos perceber que a universidade é colocada como esse "outro branco", que não reconhece nesse jovem estudante negro um futuro pesquisador e intelectual e a militância negra surge como a coletividade "dos seus negros", que representa o *cuidado* e o auxílio para suprir de certo modo o *epistemicídio* ou o racismo institucional.

Nessa chave de reflexão, Bruno Nzinga nos ajuda. No momento da entrevista, ele tinha 24 anos, se identificou como bicha preta, integrava o NCN/Unicamp e estava na graduação em Ciências Sociais. Bruno, ao responder uma pergunta sobre o que seria "ser negro e bicha na Unicamp", nos traz esse constante sentimento de resistência à *expulsão*. Ele diz:

> Ser bicha preta e pobre, né? Ah, não é simples, não é simples em lugar nenhum, mas sei lá, se eu tivesse num trabalho também não ia ser simples, aonde que é simples, né? Nem em casa é simples. Eu encaro às vezes como um jogo, sabe? Que eu tenho que jogar também [...] Sei lá, parece que a universidade tá me jogando pra fora, e não só a universidade, isso acontece, o mundo tá te jogando pra fora... então, já teve muitas vezes que eu pensei em trancar o curso [...] sei lá, ser negro na universidade é reexistir, né... é meio que ser teimoso de ficar. Acho que só fica quem é muito teimoso, quem consegue ser muito teimoso (Bruno, entrevista em 15/07/2018).

Aqui, a noção de que *só o afeto salva* é retomada. Assim, a partir desse conjunto de narrativas e dos eventos, é possível afirmar que, a *vivência* cotidiana com o racismo – sendo por medo de ser o alvo ou pelo luto – leva o *afeto* e a importância do cuidado coletivo para o centro das relações desses sujeitos como uma busca para um "viver plenamente" além da "sobrevivência" (hooks, 2000).

"Eu quero entender minha própria história!"

A gente tem que se formar na questão racial não pra poder aprender sobre racismo, mas pra aprender a olhar o mundo de outro lugar [...] a gente tá pensando como incorporar um outro tipo de análise, porque ela é oriunda de um outro tipo de experiência histórica. Há um pensamento no qual o conceito de humanidade foi feito pra não caber pessoas negras, entende? Lógico que isso vai dar choque [...] acho que talvez isso mude um pouco também a construção do conhecimento no Brasil assim, do conhecimento no geral, não do conhecimento sobre racismo [...] A gente precisa estudar! [...] Não tem como a gente sobreviver, tipo aqui na universidade, sem formação, porque é exatamente por isso que eles não dão a formação, pra gente ficar ó caladinho e pra quando a gente quiser falar eles desestabilizem a gente facilmente, e quando a gente tem formação isso é mais difícil, não é? (Taina, entrevista em 10/10/2018).

Tornando-se intelectual

Nos capítulos anteriores, vimos como o processo de entrada na universidade e aproximação com os coletivos ocorre paralelamente com a busca por literatura das questões raciais e autores negros, inicialmente, com o objetivo de compreender as próprias *experiências*. A *formação* nos coletivos e nos grupos de estudos muitas vezes são mencionados como o primeiro espaço de *formação coletiva* desses intelectuais negros. Dessa forma, os textos e autores escolhidos vão ao encontro de questões coletivas e individuais que surgem no cotidiano dos coletivos.

Durante o trabalho de campo, pude perceber que, apesar das diferenças regionais e de linha teórico-política, os autores mais acionados nas *formações* eram Franz Fanon e, em seguida, teóricas feministas negras norte-americanas, como bell hooks, Angela Davis, Sojourner Truth e Patricia Hill Collins. As autoras negras brasileiras também ocupavam espaços de *formação*, como Lélia Gonzalez, Beatriz Nascimento e Carolina de Jesus, que dividiam, muitas vezes, discussões com Abdias do Nascimento.[22] Desse modo, como já havia apontado, a centralidade que algumas autoras tomam neste espaço de *formação* é fundamental para compreendermos as narrativas dos sujeitos acerca dos inúmeros processos, inclusive os relacionados ao desenvolvimento de pesquisas, análises e produção de conhecimento.

Nesse contexto, as referências do feminismo negro e de mulheres autoras negras tomam espaço de protagonismo nas leituras. A influência do feminismo negro

---

[22] Além desses autores, também circulavam textos de Sueli Carneiro, Achille Mbembe, Carlos Moore, W.E.B Du Bois e Marcus Garvey.

aparece, como vimos nos capítulos anteriores, na noção de construção de um *lugar confortável* e no "modo feminista negro de fazer política". Assim, a noção de *afeto* surge em campo como uma das características principais da construção da ideia de *nossa forma de fazer política*.

Além disso, o modo feminista negro também é mencionado ao descreverem a maneira de se produzir conhecimento em campo, vista como uma maneira de articular as *experiências* dos pesquisadores, a escrita e a produção de conhecimento. Ou seja, a *experiência* emerge como estratégia central na noção de *nossa forma de fazer pesquisa*.

Assim, o processo de aproximação com uma literatura das relações raciais e do feminismo negro torna-se um projeto político coletivo com objetivo de "definir", nos termos de Collins (2019), as *vivências* cotidianas a partir da lente da *interseccionalidade*. Em outras palavras, o estudo e a leitura, principalmente, do feminismo negro são reforçados e defendidos como um meio de "libertação individual e coletiva".

A partir do trabalho de campo e das entrevistas realizadas, pude observar que no universo dos 22 interlocutores entrevistados, 19 tinham entrado na pós-graduação ou demonstravam interesse em entrar na carreira acadêmica. Segundo todos os entrevistados, os que viam a academia como carreira ou não, a produção de conhecimento por pesquisadores negros era uma forma de "tomada de poder, do discurso sobre sua própria história e da história da população negra", como afirmou Taina em entrevista.

bell hooks, acionada por Taina e uma grande referência em campo, em seu texto "Intelectuais Negras" (1995) afirma logo no início que, apesar dos diversos motivos que levam uma pessoa negra a se tornar intelectual, na maioria dos casos remonta a uma experiência positiva na trajetória de ensino, em conjunto com o desejo individual e coletivo da ascensão política dos negros.[23] À luz de bell hooks e a partir das observações, podemos afirmar que para esses sujeitos as *experiências vividas* transpassam as barreiras do individual para o coletivo – no cotidiano do grupo e na ação política –, mas não só. Essas *experiências* compõem as escolhas dos objetos de pesquisa e de referenciais teóricos desses intelectuais em formação.

Jamile Carvalho se apresenta para mim como uma mulher negra que entrou no curso de Ciências Sociais no primeiro ano de cotas da UFBA, em 2005. Durante sua graduação, foi integrante do coletivo de estudantes negros e participou de uma pesquisa de iniciação científica acerca da situação de mulheres encarceradas em um presídio feminino de Salvador. Após se formar em licenciatura e bacharelado, entra no mestrado, em 2013, também na UFBA e dá continuidade à pesquisa

---

[23] Além da autora, há uma gama de estudos produzidos no campo da educação no Brasil que oferecem análises densas sobre como experiências positivas e negativas com educadores na carreira de estudantes negros e LGBTQIAP+, por exemplo, são decisivas para o "sucesso escolar" desses sujeitos. Para mais detalhes, ver: Brooke e Soares (2008).

com mulheres em privação de liberdade acarretada pelo tráfico de drogas.[24]

Durante a entrevista, ao mesmo tempo que conta sua trajetória de vida e fala sobre a origem de sua família e o lugar em que cresceu, ela explicita os temas de pesquisa que desenvolveu em sua trajetória acadêmica. Ela inicia:

> Na pesquisa da graduação, eu não fiz um recorte com as mulheres jovens, mas as mulheres jovens sempre me interessaram mais. Quando chegou no mestrado, eram só jovens, eram mulheres de 18 até 29 anos. As mulheres que eu entrevistei que tinham sido presas por tráfico. Eu vim de Fazenda Couto,[25] de uma realidade familiar muito parecida com a realidade das mulheres que eu encontrei na prisão. Eu encontrei vizinhas, por exemplo, na prisão. [...] Eu já estava um tempo distante da comunidade, indo só aos finais de semana para ver minha mãe. Então eu já não estava no cotidiano da comunidade. Eu entrei dentro do presídio e me deparei com mulheres que eu conhecia, mais de uma até. Uma, inclusive, que

---

[24] Carvalho, Jamile dos Santos. *"Nós Trafica, mas nós nunca tem nada": trajetórias de vida de mulheres criminalizadas por tráfico de drogas.* Dissertação (Mestrado em Sociologia) – Universidade Federal da Bahia, Faculdade de Filosofia e Ciências Humanas, Programa de Pós-Graduação em Ciências Sociais, Salvador, 2018.

[25] Fazenda Couto é um bairro localizado na periferia de Salvador e considerado o bairro mais negro da cidade (cf: https://bit.ly/4blKiJ2. Acesso em: 18 set. 2019).

tinha sido minha colega de um projeto social[26] de Salvador. Uma das inquietações que surgia era "o que nos separou?". O que me fez chegar à universidade e o que fez ela chegar na prisão?! (Jamile, entrevista em 17/04/2018).

Na narrativa de Jamile, o tema de pesquisa do mestrado surge com o interesse de compreender a relação cotidiana posta para mulheres jovens de seu bairro, entre consumo de drogas, tráfico e sistema prisional. Nesse sentido, uso de drogas e prisão – intrinsecamente relacionados ao território que habitam – foram a realidade cotidiana na qual Jamile esteve inserida no decorrer de sua vida e gerou um questionamento de pesquisa, no momento em que decide realizar o mestrado. Ela continua o relato dizendo que a pesquisa realizada na prisão, em conjunto com sua *experiência* de trabalho, a levam a desenvolver um projeto de pesquisa para o doutorado com jovens de seu bairro de origem.

Ainda perseguida pelo questionamento do que a levou à universidade, em comparação com as trajetórias mais comuns de jovens do bairro onde cresceu, decide

---

[26] O projeto social do qual Jamile participou foi o "Fundação Cidade Mãe", criado em 1993 pela Prefeitura Municipal de Salvador, na gestão de Lídice da Mata, na época do PSDB – hoje senadora pelo PSB. Em parcerias com ONGs, o projeto tinha como foco o trabalho socioeducativo com crianças e adolescentes de bairros periféricos da cidade. Ver: Sousa (2005).

construir um projeto de pesquisa para o doutorado acerca da trajetória de jovens da Fazenda Coutos. Ela relata:

> Agora a ideia é voltar pro meu bairro de origem, que é o bairro de onde eu vim, que na verdade minha família está toda lá, meu companheiro ainda mora lá, minha família toda ainda está lá. O bairro de Fazenda Coutos é um bairro da extrema periferia da cidade de Salvador. Um bairro bem no limite da cidade, muito segregado sócio racialmente. [...] Então acaba que esse tema das drogas sempre esteve no meu universo, desde a minha vida lá no bairro, até o meu trabalho atualmente e a pesquisa que eu estou propondo para o doutorado. No doutorado eu quero pesquisar a juventude nesse bairro e a relação deles com a polícia, com o próprio tráfico... Não só jovens que são usuários, mas outros jovens. Como eles lidam com essas questões, como eles estão nesse meio entre a polícia, o tráfico, com as exigências da família e da comunidade para que ele não se envolva, enfim, queria pesquisar a juventude no bairro. E é um encontro com a minha própria história. Há muito tempo eu queria pesquisar algo dentro dessa comunidade que eu fiz parte, mas ao mesmo tempo eu me sinto fora, porque quando você entra na universidade também, você meio que se sente estranho, porque você é de dentro, mas é de fora. Porque você começa a estar conectado com uma outra realidade, você não tem muitos estudantes lá. Hoje em dia mais do que na minha época, mas você não tem muitos estudantes na UFBA da comunidade.

Tem muito mais estudantes de faculdades particu-
lares, por causa do Prouni. Então pra mim também
é um resgate, uma reconexão com a minha história
mesmo, da onde eu vim. Voltar pra comunidade
tem isso. Ao mesmo tempo tem essa coisa de você
ser nativo, mas ser de fora, porque você também tem
outro olhar, viveu outras experiências, em outros
lugares, fez outras conexões. [...] Digamos então
que agora eu quero voltar pra origem, eu quero
entender através da trajetória desses jovens que eu
quero entrevistar, quero conhecer como a minha
história se definiu. É como se através da história
deles eu fosse entender a minha própria história, a
minha vida, minha escolha (Jamile, entrevista em
17/04/2018).

Para ela, o processo de assimilação das linguagens
da universidade e a necessidade de deslocamento de sua
localidade para próximo ao campus a coloca em um lugar
estranho, no qual *você é de dentro, mas é de fora* tanto no
ambiente universitário como ao retornar para seu "mundo
de origem". Contudo, para Jamile, esse lugar de fronteira
pode se tornar produtivo no retorno, também pelo desejo
de compreender suas "experiências de vida". Acionando
a categoria "Mestiza", de Gloria Anzaldúa (2005), como
recurso metodológico para pensar a noção de "ser nativo,
mas ser de fora", colocada por Jamile e apresentada por
grande parte dos interlocutores, podemos refletir que esses
sujeitos estariam em um lugar de fronteira em que seriam
a ponte entre *dois mundos* – o "mundo da universidade"

e o "mundo de origem" – ou dois lados de rio, na qual a construção dessa ponte seria por meio de suas próprias *experiências e vivências.*

Desse modo, para Jamile, a centralidade na *experiência* torna a produção de conhecimento um meio de "entender a sua própria história". Desse modo, para bell hooks e Jamile, o trabalho intelectual é compreendido como meio de entender a própria realidade e a do mundo. Essa relação se faz presente na narrativa de todos os intelectuais ouvidos. Rodger Richer também estabelece essa conexão, ao falar de sua pesquisa de trabalho de conclusão de curso, que dá continuidade no mestrado, com o tema sobre a relação e desenvolvimento da pauta racial dentro da UNE (Richer, 2017; 2020). Ex-diretor da pasta de combate ao racismo da entidade, a pesquisa aparece como meio de se entender como *agente da história* e, por conseguinte, "protagonista desta narrativa". Como Jamile, para Rodger a pesquisa sobre a luta da pauta racial dentro da UNE, ou seja, uma luta que protagonizou enquanto estava na entidade, é compreender sua "própria trajetória de militância e também a si".

Fazendo um passeio pelas trajetórias de cada um dos interlocutores entrevistados ao longo da pesquisa, podemos perceber que a relação entre a "experiência de vida" e a "escolha do tema de pesquisa" se repete. A trajetória de Taina Silva Santos é perpassada pela relação da sua mãe com serviços de direitos da mulher e o trabalho doméstico. O trabalho desenvolvido por ela, durante a graduação em História na Unicamp, "consistiu no desenvolvimento de um estudo sobre as ocupações e profissões de trabalhadoras livres e libertas em Campinas, durante a segunda metade do século XIX, com ênfase nas experiências e agências de mulheres negras" (Silva Santos, 2018). No mestrado, a pesquisa de Taina buscou analisar "a presença e distribuição de trabalhadoras livres de cor e libertas no mercado de trabalho livre, na região [Campinas], estabelecendo comparações sobre a configuração do quadro antes e depois da abolição da escravidão".[27]

Milena Santos conta em entrevista que, após sua participação na greve de 2016, protagonizada pelo NCN/Unicamp – que gerou a aprovação das cotas na graduação – mudou seu tema de pesquisa do mestrado e desenvolveu sua dissertação com objetivo de "mapear e qualificar o quanto o acesso de estudantes pretos e pardos às universidades federais avançou após a implementação de políticas de cotas em 2012" (Santos, 2018, p. 7).

Para finalizar o conjunto de exemplos da relação entre *experiência* e produção de conhecimento, a partir da narrativa dos próprios interlocutores, a história de Letícia Pavarina é mais uma que se repete. Após o processo de *tornar-se negra* – discutido no capítulo anterior –, afirma que a questão estética passou *a perseguir*. Ela conta que passou a pesquisar sobre formas de cuidar do

---

[27] A dissertação de Taina foi defendida em 2023 sob o título *Mulheres negras, mercado de trabalho, racismo e sexismo* (Campinas, 1876-1892).

cabelo e inspirações de penteados para a sua formatura da graduação. O YouTube se tornou a principal plataforma de aproximação com o tema, o que a levou a realizar a transição capilar. Após esse momento, disse que esse processo a fez "refletir mais sobre si" e, nesse bojo, o objetivo de sua pesquisa de mestrado se tornou compreender "as formas de cuidar de si de jovens negras, que não eram apresentadas nos meios convencionais, como formas de hidratar, cortar os cabelos e fazer maquiagens". Assim, a dissertação de Letícia versa sobre o processo de transição capilar e o uso da plataforma do YouTube nesse processo de mudança estética, mas, principalmente, de autorreconhecimento racial.

Produzindo conhecimento político

Durante toda a entrevista, Samira pontua constantemente a importância da disputa da produção de conhecimento na luta política. Ao final da entrevista, marca essa relação veementemente ao responder à pergunta sobre sua preferência em usar um nome que lhe garantisse anonimato. Ela responde, finalizando a entrevista: "Não, pode deixar. Samira Soares. Meu nome é político e eu tenho que evidenciar enquanto intelectual negra". Samira, que afirma ser uma *intelectual negra* e ter em Lélia Gonzalez sua maior referência *de vida*, entra na universidade em 2014 – quase dez anos após Jamile. Como estudante do Bacharelado Interdisciplinar em Humanidades, desenvolve pesquisa durante a graduação e, até o momento de finalização da pesquisa, era mestranda no Instituto de Letras da UFBA.

A relação entre *política e intelectualidade*, nos termos de Samira, é perceptível na fala de grande parte dos interlocutores. Os atores vão se estabelecendo como sujeitos políticos desde o processo de engajamento, suas *responsabilidades*, sendo a produção acadêmica uma delas. Dessa forma, a disputa pela narrativa científica surge como tão importante quanto a disputa pela narrativa política. Samira ressalta que essa *responsabilidade* foi percebida logo no início de sua constituição como "sujeito político":

> A partir do momento que eu entrei na UFBA, eu falei: "Eu entrei na UFBA por uma política de ação afirmativa, que é a cota, então tem uma importância de reparação histórica forte". [Por isso] eu preciso, enquanto sujeito político, produzir academicamente, fazendo um documento também para que os meus, posteriores a mim, possam ter acesso e a gente produzir empoderamento coletivo. E nesse processo de estar na UFBA, eu fui vendo o que eu podia escrever, nessa perspectiva de interseccionalidade (Samira, entrevista em 17/04/2018).

Nessa passagem, Samira nos traz argumentos interessantes para justificar a "luta contra o epistemicídio" e a disputa de narrativas. Como uma jovem negra vinda do interior da Bahia, ela afirma ter uma expectativa de que a UFBA, como universidade na capital baiana, fosse ajudá-la a compreender e refletir sobre sua construção histórica como sujeito e sua construção territorial. Ao contrário de suas expectativas, chega à universidade com uma realidade de produção e narrativa científicas protagonizadas por pessoas brancas, muitas vezes, não baianas – frequentemente nem brasileiras – e identificadas como homens.

A ausência de seu gênero, raça e localidade no conjunto de docentes e discentes e nas obras lidas nas disciplinas obrigatórias de seu curso a faz se sentir responsável por produzir academicamente para os seus posteriores. Novamente, essa noção é empregada no sentido de se compreender como parte de um grupo, que seriam os negros, pobres, mulheres e lésbicas, que, além de não acessarem o espaço da universidade, não são colocados como produtores de conhecimento. Assim, o sentimento de *responsabilidade* surge no sentido de pertencimento coletivo, tanto como uma "resposta política", como uma "resposta epistêmica". Além de ser responsável por produzir academicamente, também é pelo modo como se produz; ou seja, para Samira, uma produção científica que considera a *interseccionalidade* surge como *empoderadora coletiva*, para a sua geração e as seguintes.

A *interseccionalidade*, além de ser usada em campo como uma maneira de diferenciação do modo de fazer política desta geração – sendo negros ou não, é empregada também como marca da diferença na produção intelectual desses jovens pesquisadores com quem dialoguei na pesquisa. Desse modo, *interseccionalidade* surge para demarcar um *modus* político e um *modus* científico. Vale ressaltar que a importância dessa categoria em campo é dada pela sua construção no interior do feminismo negro. Seguindo a orientação da teoria feminista negra, esta emerge para demonstrar a importância, quase que essencial para essa geração, da articulação de raça, gênero, sexualidade e classe; mesmo que lidar com as diferenças nesses âmbitos acarretem dificuldades tanto nos processos políticos como na produção intelectual.

Com o desejo de *produzir academicamente*, Samira entra num grupo de pesquisa do Instituto de Letras da UFBA e passa a desenvolver sua pesquisa de iniciação científica.[28] Apresentarei o relato de Samira para entendermos a complexidade dessa relação:

> Eu fui aquela velha história da menina negra do interior, que vem para cidade grande para ser escravizada. Então, eu vivi dos meus 15 até os meus 17 numa casa no qual eu passava férias, tal... E achava que todas as situações que eu era condicionada, era muito natural. E aí quando eu vim morar de fato nessa casa, que foi no meu período antes do Enem, então 2013, 2014, eu fiquei literalmente presa numa casa. Para minha mãe eu estava estudando, mas eu

---

[28] A dissertação de Samira Soares, publicada em 2022, tem como título: *É como se fosse da família?: representações do lugar da empregada doméstica em textos de Conceição Evaristo, Clarice Lispector e Preta Rara.*

era empregada doméstica, sem ter consciência de que era, e ao mesmo tempo, quando fui despertando essa consciência, eu vivi nessa estrutura sob ameaça de não poder contar para minha mãe, nem poder fugir. [...] Então, por que eu tô contando essa história toda? Minha pesquisa é sobre os relatos da página "eu empregada doméstica", porque no período que saiu a página eu fiz um relato, esse relato, ele conta um pouco da minha história desde o processo de entrar [na universidade], conhecer as pessoas, até o momento que eu fugi da casa. E pra mim foi uma experiência muito forte, porque a cada relato que eu leio, eu vejo que minha história não foi a única. E isso é muito triste de dizer, mas isso ainda acontece. E eu decidi fazer desses relatos um documento de denúncia. Então por mais que seja doloroso escrever, tem vezes que eu, por exemplo, não consigo analisar o meu relato. Eu nem consigo nem ler ele mais. Eu faço um esforço e tal, porque é importante, minha história de vida para que outras pessoas se libertem. Mas eu vou analisando outros e choro muito escrevendo. É um processo bem forte, mas que eu tô conseguindo produzir, e sei que vai ser um documento pra mostrar o quanto no Brasil, ainda, os resquícios da escravidão são muito recentes. E pra mim, naquele período eu não enxergava isso. Hoje lendo, compreendendo as autoras negras, eu fui me descobrindo nesse processo todo. Então esse processo racial pra mim é muito forte, e por isso eu produzo muito na academia assim (Samira, entrevista em 17/04/2018).

Nesse relato de Samira, aparece novamente a relação da "experiência de vida" transformada em produção de conhecimento. O que ela nomeia de *inspiração teórica*, surge como algo além da *escolha*. Em outras palavras, o tema de pesquisa se desenvolve como uma forma de reconstruir uma *experiência* de vida sentida como violência. Contudo, Samira interliga essa forma de produção de conhecimento com um meio de construir um "documento para a transformação social", mas esse processo é tomado também pelo "sofrimento de escrever sobre suas experiências de violência".

O fato de Samira ter sido nativa e agora pesquisadora sobre o tema a leva a crer na possibilidade de "transformação da realidade social" e esta crença a faz *ser forte* para superar o processo *doloroso* que é escrever sobre uma "experiência de violência pessoal". Assim como Jamile, ela aponta a produção científica como um meio de "entender a si e sua história". O trabalho acadêmico se torna, nesse sentido, um processo de autorreflexão de suas *experiências* individuais, assim como o cotidiano dos coletivos, nas trocas com outras *experiências*.

Portanto, a *experiência* que se torna conhecimento também é gerida a partir de um conjunto de outras *experiências*. Retomando Brah (2006), a experiência é contestada e em seu processo de significação produz uma realidade possível de análise e produtora de conhecimento. Além disso, a partir das narrativas, podemos afirmar que a *experiência* passa por um conjunto de significações individuais e coletivas que a estabelecem como *escolha* ou como *inspiração teórica*.

Para compreendermos esses pontos apresentados pelos atores, é necessário retomarmos as noções de Gayatri Spivak (1990). A autora nos chama atenção para como, na produção das identidades coletivas, a multiplicidade e a diversidade dos atores são hierarquizadas e, a depender do contexto, uma categoria ou uma pauta toma maior centralidade. Desse modo, além das *experiências* passarem por um processo coletivo e subjetivo de significação, estas, que são passíveis de se tornar *inspirações teóricas*, passam, portanto, por uma hierarquização a depender do contexto e dos atores colocados em disputa no campo.

Nessa perspectiva, as religiões de matriz africana são mencionadas com frequência quando se fala das dificuldades relacionadas ao processo de aprendizado por parte de estudantes negros. O modo do Candomblé, por exemplo, de um ensinamento passado através da oralidade, é constantemente usado para afirmar que esse seria "o modo de aprender negro" e por esse motivo os estudantes negros teriam "dificuldades com a escrita", no formato posto pela universidade, que seria "o modo de aprender branco".

A construção de uma identidade comum e *ancestral* da *negritude*, passando pela religião, vista como resquício desse passado, torna-se uma forma de *sobrevivência* à construção negativa de *incapaz* que esse estudante sofre no processo de assimilação da linguagem universitária. Sendo assim, o Candomblé assume o sentido de uma forma de se reconstruir como sujeitos ou, como nos afirma Fanon (2008, p. 119), da descoberta de "não ser primitivo e pertencer a uma raça". No entanto, assim como para o autor, as noções de ancestralidade em campo não são utilizadas no sentido de "homogeneizar a experiência do negro", mas como a produção de um discurso estratégico, ou seja, contingente (Brah, 2006), de um passado de exploração comum que descendentes de escravizados compartilham.[29] Destaco ainda que, a escrita vista como *branca* é aquela identificada com o modelo acadêmico ou com o que é estabelecido como regra estabelecida nos meios universitários. Em contraponto, a *escrita acadêmica negra* seguiria um modelo "mais livre de regras preestabelecidas" – como nos próprios textos de bell hooks – e se aproximaria de uma escrita de si. Por exemplo, o uso da poesia foi colocado nos espaços de campo como uma forma de escrita negra, sendo comum que muitos jovens desses coletivos componham grupos de Slam, por exemplo (D'Alva, 2011). Nesse sentido, as críticas aos processos de aprendizagem, à produção de conhecimento e ao modelo padrão nas universidades são recorrentemente marcadas pelos atores nos espaços públicos e no cotidiano dos coletivos.

---

[29] Em conjunto com a noção de ancestralidade, o termo "diáspora" também surgia em campo. Assim como outras categorias, "diáspora" era utilizado como termo êmico que expandia suas barreiras como conceito e tomava, muitas vezes, os mesmos significados de ancestralidade.

Diante desse cenário, a Internet surge em campo como o meio de *maior liberdade* para escrever sobre as *vivências* e, por conseguinte, *produzir conhecimento*. Como exemplo, a página no Facebook "Eu, empregada doméstica", pesquisada por Samira em sua iniciação científica, foi criada por Joyce Fernandes mais conhecida pelo seu nome de *rapper* Preta Rara. Na descrição da página ela afirma:

> No dia 19/07 comecei a relatar alguns casos que aconteceu comigo quando eu era empregada doméstica, e logo veio à ideia de expor não só a minha história, mas dividir isso com os meus seguidores aqui no Facebook e incentivar as pessoas contarem os seus relatos ou relatos das mulheres de suas famílias que já foram ou são empregada doméstica. Recebi muitos relatos e resolvi criar essa página para divulgar.
>
> Quem sabe juntos podemos mudar a situação dessas mulheres que as patroas dizem que são como se fossem da família, porém não são tratadas como seus entes queridos. Saudações Africanas! #PretaRara.[30]

Após o sucesso da página, Preta Rara teve maior visibilidade como *produtora de conteúdo*, o que gerou um convite para realização de um TED São Paulo, assim como seus escritos e relatos da página tornaram-se livro, pela Editora Letramento, em 2019. Além do campo

---

[30] Disponível em: https://bit.ly/3XlGnpD. Acesso em: 18 set. 2019.

de pesquisa de Samira ser um exemplo de espaço de produção de conhecimento na Internet, com desejo de também produzir por meio das plataformas sociais, ela criou no Instagram uma página nomeada "Narrativas Negras", na qual oferece dicas de obras literárias e dicas de estudos focadas nas epistemologias feministas negras.

Apesar dos atores reconhecerem outras formas de produção de conhecimento, a academia ainda é vista como um espaço importante. Eles visualizam sua carreira acadêmica como um meio, tanto de disputar um espaço majoritariamente branco como de disputar um conhecimento, visto também como branco. Além disso, a carreira acadêmica também se apresenta como uma forma de ultrapassar barreiras e de superação, pois se a graduação já era entendida como uma grande conquista, o ingresso no mestrado e no doutorado entra na categoria de "surrealidade" para esses sujeitos e seus familiares – ou seu "mundo de origem". Entretanto, o processo de obtenção dos títulos e desenvolvimento das pesquisas não é conquistado sem dificuldades, pois passar a se ver como um intelectual é, para eles, ultrapassar barreiras institucionais e, principalmente, individuais de depreciação acumuladas em todo o processo de aprendizado vivido.

Por fim, o lugar que a produção de conhecimento toma para esses sujeitos é demarcadamente diferente de outros trabalhos que apontam a desconfiança na *academia* por parte de movimentos sociais. Durante minha pesquisa de mestrado, acerca dos Enuds (Lima, 2016), a *academia* ora tomava uma posição de aliada, ora era vista com desconfiança, dependendo de suas relações com o que era compreendido como político. Porém, o lugar em que os atores dos coletivos negros se encontram nos permite compreender o deslocamento da intelectualidade, dado que para esses sujeitos, o espaço da universidade e a ideia de ser intelectual sempre foram afastados de suas realidades cotidianas.

Assim, entrar na universidade e se "tornar intelectual" são uma forma de transformar estruturalmente a realidade social estabelecida. Contudo, a academia vista como aliada e vislumbrada é a *nossa*, a que se preocuparia com a análise das relações raciais, a interseccionalidade e feita por intelectuais negros, enquanto a *deles* é constantemente distanciada. A intelectualidade não está sendo afastada, e sim disputada e é nessa disputa cotidiana que se produz a "luta contra o epistemicídio".

Entre *dois mundos*

Cena 2

Era janeiro de 2018, por motivos de reposição de aula, a UFBA estava ativa. Estávamos eu, Samira, Tifanny e Juliete[31] nos gramados da universidade esperando para o início de um evento no qual Samira iria fazer uma fala e apresentar sua pesquisa de iniciação científica. Em algum momento, Juliete se vira para mim e pergunta: "Amiga, como você que não é branca e rica e gosta de gastar a onda, tem 26 anos e tá terminando o doutorado?". Eu respondi constrangida: "mamãe". Samira riu e acenou com a cabeça sugerindo que se a pergunta tivesse sido feita para ela a resposta seria a mesma. Eu continuei: "mamãe sempre me colocou para estudar, e muito! Ela sempre dizia que a única responsabilidade que eu tinha era estudar e ela iria fazer de tudo para isso acontecer. Acho que levei isso a sério demais e tô aqui (risos)".

---

[31] Juliete, durante a realização da pesquisa, se identificava como sapatão preta e era estudante da UFBA no curso de Biologia. Foi integrante do coletivo Enegrecer e, apesar de não ter realizado entrevista com ela, foi uma importante interlocutora de campo.

Rimos, concordamos e cada uma passou a contar o que a mãe fazia como estratégia para que estudássemos na infância e adolescência, mas como também esses estudos tinham ajudado a romper com as regras e verdades estabelecidas por elas, já que éramos sapas e bichas pretas.

Levando a política dos afetos para casa

Em diversas narrativas, a entrada na universidade é vista como uma conquista por representar a possibilidade de ter *uma vida melhor*. Assim, o incentivo aos estudos surge como uma *estratégia que as mulheres negras adotam* e a figura da mãe é acionada como a razão para que, apesar das dificuldades e da *solidão* sentidas ao entrar na universidade, esses jovens tenham uma *responsabilidade* para com esse esforço. O acionamento da figura da mãe surge, muitas vezes, como metáfora de uma relação entre *dois mundos* que esse sujeito passa a ter que manusear.

A figura da mãe é constantemente acionada durante a entrevista de Jamile. Ao narrar sua inquietação sobre o porquê dela ter sido a única de sua geração, na família e na vizinhança, a ter entrado em uma universidade pública, retoma a mãe como meio de tentar encontrar essa justificativa e traz um caso que nos ajuda a refletir acerca de como a universidade se constrói como uma ideia. Ela disse:

> Aí eu fico me perguntando "o que foi?". Porque não teve nada... Minha mãe não entendia o que era

faculdade, até hoje minha mãe não entende o que eu fiz. Ela sabe que eu estudo, mas não entende o que é Ciências Sociais, não passou por essa experiência. Sabia que era uma coisa boa, sempre me incentivou quando eu decidi que ia continuar estudando depois do ensino médio, mas a partir do exemplo que ela via na casa onde ela trabalhou a vida toda, em que todos os filhos entraram na universidade. Inclusive eu tive recentemente uma descoberta muito interessante. Minha mãe trabalhou em uma casa como empregada doméstica quase 20 anos, ela criou os filhos dessa família. Uma família branca da Barra.[32] Agora, há pouco tempo, ela decidiu que queria reencontrar essa família. Aí eu fiz vários questionamentos, "mas pra que entrar em contato com a família? A senhora foi empregada". Fiz vários questionamentos, mas ela não arredou o pé, queria que eu descobrisse onde estavam essas pessoas pelo Facebook. Aí eu fui lá fuçar, eu sabia o nome das pessoas, fui pelo sobrenome, achei a mãe, a pessoa que ela era empregada na casa. Aí fiz um convite no Facebook, deixei uma mensagem, como eu acho que não sou amiga, talvez ela não tenha visto. E aí eu fui procurar pelos filhos. Eu descobri que o menino que minha mãe foi babá faz Ciências Sociais hoje na UFBA e eu o conheço. E aí eu entrei em contato com ele pra contar essa história, só que ele ainda não

---

[32] A Barra é um bairro de Salvador que concentra pontos turísticos da cidade. O bairro é considerado, em campo, como habitado por pessoas de classe média e/ou classe média alta da cidade.

respondeu. Então, assim, minha mãe só conhecia a universidade a partir dessa perspectiva, de ver os filhos dos outros, que ela tomou conta, que entraram na universidade e era algo natural. Depois do ensino médio, entrava na universidade. E ela nunca colocou isso como uma coisa pra gente, porque acho que ela sempre pensou que era algo inatingível, que não era coisa pra gente, ainda mais entrar na UFBA. Todos os filhos dessa família, eu até aproveitei pra olhar no Facebook, todos passaram pela UFBA. Um fez Engenharia, outro fez Fonoaudiologia e, o mais novo, fez Ciências Sociais – tá terminando agora a graduação em Ciências Sociais. Aí você vê a filha da empregada, que já tem mestrado, e o filho do patrão estão na mesma universidade, fazendo o mesmo curso, em momentos diferentes da carreira acadêmica, mas ali, se encontrando. Isso é surreal. Aí fiquei pensando sobre isso... E contei pra minha mãe. Falei: "o mais novo que a senhora tomou conta, está fazendo o mesmo curso que eu fiz, que eu até já terminei o mestrado". E ela achando muito interessante tudo isso. Isso só é possível hoje (Jamile, entrevista em 17/04/2018).

A fala de Jamile nos traz aspectos que perpassam grande parte das narrativas dos interlocutores. Primeiro, a universidade surge como um "lugar não muito bem compreendido", mas como uma *coisa boa*, já que os filhos dos empregadores da mãe entraram na universidade. Assim como Jamile, outros interlocutores cujas mães foram ou ainda são empregadas domésticas, relatam que a identificação por parte delas de a universidade ser uma *coisa boa* vinha do fato de que os filhos da família na qual trabalhavam entrarem logo após o fim do ensino médio. Desse modo, a entrada na universidade surge como um meio para uma ascensão social e um modo de romper com um ciclo geracional de ocupações em determinados postos de trabalho, como o trabalho doméstico.

Como podemos observar a partir da realidade social brasileira e corroborada por trabalhos como de Marcia Lima e Ian Prates (2019), o emprego doméstico pode representar uma fotografia da sociedade brasileira em que são mantidos "velhos hábitos arcaicos de herança escravista que marcam a submissão" (Lima; Prates, 2019, p. 151). Ressalta-se essa submissão sendo, principalmente, de mulheres, negras e pobres, que representam a maior porcentagem de trabalhadoras domésticas no país.[33] Assim, podemos afirmar que apesar da mãe, que muitas vezes é uma mulher negra pobre empregada doméstica, não saber "muito bem o que é a universidade" e o que "seria feito lá", esse lugar é identificado como uma *coisa boa* e o incentivo aos estudos uma "estratégia que as mulheres negras adotam". A universidade, então, surge como um meio desse filho adentrar outro lugar que não seja o que ela já conhece, ou seja, o da submissão.

---

[33] Segundo Lima e Prates (2019), a partir dos dados do PNAD, em 2012, do total das pessoas que exerciam trabalho doméstico, 92,8% eram mulheres, dentre elas 64% negras e 81,8% tinham no máximo o ensino fundamental completo.

Além de Jamile, Ane também nos traz, em sua narrativa, que o emprego doméstico estava em sua família há gerações, mas que sua mãe sempre dizia que "não queria esse destino para mim". Ela diz:

> Eu sou filha de empregada doméstica, minha mãe trabalhou desde os oito anos em casa de família, então eu lembro que o grande marcador de entrar na universidade não foi porque eu tive contato com professor, foi quando o meu irmão entrou pra História. E assim, eu vi a felicidade da minha mãe, e ela falava que a gente tinha que ser da universidade pra não ser doméstica [...] e também nunca fui levada como filha pra casa de família pra ajudar. Ela nunca disse: "ah, esse vai ser o seu destino". Ela não queria esse destino pra mim (Ane, entrevista em 04/10/2019).

Ainda segundo Lima e Prates (2019), entre 2002 e 2012 "houve uma redução significativa de empregadas domésticas, em especial nas faixas mais jovens, assim como um aumento da escolaridade desses trabalhadores" (Lima; Prates, 2019, p. 152). Apesar dos autores não relacionarem essa redução com a política de cotas, podemos dizer que nas narrativas dessas jovens é produzida uma relação direta entre as cotas, a entrada na universidade e a "fuga" do trabalho doméstico. Assim, a entrada na universidade representa para essa mãe um sinônimo de amor (hooks, 2000), e, para a filha, uma forma de agradecimento que irá perpassar toda a sua trajetória acadêmica.

Entretanto, vale ressaltar que essa relação não pode ser vista de forma romantizada. Em conjunto com o campo de estudos da política educacional recente, Maria Eulina de Carvalho (2004) se dedica a refletir sobre como o sucesso escolar relacionado à dedicação da mãe reforça os papéis de gênero, que também são reforçados pelo currículo escolar. Assim, aproximando os escritos de Carvalho e bell hooks (2000), uma vez que a educação é vista como um meio de ascensão social, o incentivo aos estudos é colocado como uma forma de amor que paira sobre a *responsabilidade* quase que exclusiva da mãe, da mesma forma que a noção de *agradecimento* surge com mais frequência nas narrativas das mulheres com quem conversei.

Logo no início da entrevista, Taina relaciona a trajetória de sua mãe contra a violência doméstica que sofria com sua primeira aproximação com a *luta por direitos*. Apesar de a todo tempo marcar a importância de sua mãe em sua trajetória, essa relação passa a ser ressignificada a partir da inserção de Taina no feminismo negro. Assim, na parte da entrevista em que aborda a importância do *cuidado* e de uma *cara feminista negra* na organização política do NCN/Unicamp, volta a falar de sua mãe e dizer que além do feminismo negro tê-la ensinado "como deve se fazer política", a aproximação com o tema e com "mulheres negras mais velhas" a fez rever a relação dela com a mãe. Ela conta:

> Eu não me via nela, eu não me identificava com ela, porque... Talvez por eu ter tido uma trajetória

pra ter toda essa trajetória pra mim, eu achava que tinha coisas que eu tinha vivenciado, que eu tinha visto, que eu entendia e que ela não seria capaz de entender, mas eu acabei criando, tipo, uma desumanização tão grande com ela, a partir das experiências que eu tive de violência com o meu pai, que eu também não tava interessada em compartilhar muito, eu perdi a paciência muito rápido... E aí quando eu percebi isso eu falei, tipo, "poxa, eu tô sendo super machista com a minha mãe e ainda tô sendo racista". [...] Logo depois de todo esse processo, de eu me aproximar desses movimentos, de eu começar a levar pra casa discussões mais elaboradas, mais sofisticadas, livros, começar a levar a minha mãe pra frequentar alguns lugares que eu comecei a frequentar, que eu já frequentava, a minha mãe foi, entrou na universidade, tipo, se rebelou contra a patroa, saiu do serviço, hoje ela é funcionária do Extra. Entende? Então assim [...] o feminismo faz a gente olhar pras nossas práticas (Taina, entrevista em 10/10/2018).

Apesar da importância de sua mãe, Taina afirma inicialmente que as *experiências* e *formações* que passou a ter após a entrada na universidade, a fizeram achar que "sua mãe não seria capaz de entendê-la". Contudo, foi na aproximação com o movimento feminista negro que ela passou a rever a relação com sua mãe e a levou para o "seu mundo". Assim, apresentar a mãe aos livros, levá-la para frequentar lugares e até a universidade, foi visto como um movimento de aproximar *os dois mundos* nos quais ela vivia – "mundo da universidade" e "mundo de origem" – para a própria mãe. Dessa forma, esse "saber afetivo", aprendido e referenciado na teoria e no movimento feminista negro, transforma e constitui as relações não só dentro do movimento, mas também as relações familiares desses sujeitos.

Trazendo a mãe para a universidade

A Jornada Afro Acadêmica de Estudos (JAEE), realizada na UFRJ, em outubro de 2017, foi um momento acompanhado em campo no qual essa conexão entre os *dois mundos*, apontada por Taina e Jamile, foi observada e compartilhada por mim.[34] Tomada pelos debates dos quais havia participado e ouvido no NCN/Unicamp e, principalmente, em espaços de *formação* de mulheres negras sobre o "empoderamento da família" e a importância da mãe em todo esse processo, fui para a Jornada, pensando em levar a minha mãe para a mesa de abertura. Descobri que a mesa contaria com a presença da filha

---

[34] A JAEE foi organizada pelo Coletivo Negro Carolina de Jesus, da UFRJ e, segundo o site da jornada, surgiu pela "observação de duas demandas compartilhadas entre pessoas negras que ingressam na universidade nos últimos anos: dividir sua produção acadêmica e refletir sobre a responsabilidade da intelectualidade negra". Disponível em: https://bit.ly/4ihQMuq. Acesso em: 11 nov. 2024.

de Carolina Maria de Jesus,[35] o que me fez pensar que seria uma ótima oportunidade de propiciar à minha mãe sentar-se num lugar no qual só havia entrado por ocasião de minha formatura. Um lugar que sempre lhe pareceu muito distante, mas que ela acessaria num momento em que estaria cheio de gente parecida com ela e ouviria a história de Carolina Maria de Jesus. Para mim, poderia ser algo muito especial, sobretudo por fazê-la sentir-se pertencente. Ao chegar ao Rio de Janeiro, falei da mesa e ela se empolgou com o convite. Ela me acompanhou, mas preferiu ficar sentada ao fundo do opulento salão nobre do IFCS/UFRJ, assistindo a todas as falas. Ao final, ela me disse: "é muito lindo o que vocês estão fazendo. Continue sempre e muita força para vocês". Eu agradeci e pude ver sua cara de felicidade.

Durante o evento, percebi que muitas mães – e às vezes as famílias (com pai e avós) – participavam dos momentos de apresentações de trabalhos. Na mesa de encerramento, a mãe da estudante que mediava a sessão estava presente. Antes de começar sua fala, ela disse que aquela era a primeira vez que ela estava em uma mesa e havia levado sua mãe para assisti-la, como forma de compartilhar aquele momento com ela. A mesa de encerramento da Jornada, aliás, só começou quando a

---

[35] Carolina Maria de Jesus foi uma escritora brasileira, conhecida por seu livro *Quarto de despejo: diário de uma favelada*, publicado em 1960. Carolina de Jesus é considerada uma das primeiras e mais importantes escritoras negras do Brasil.

mãe da estudante chegou. Esperar por aquela mãe era algo cuja importância se compartilhava: mostrar para a mãe que ela estava numa mesa era *motivo de orgulho*, mas também uma forma de *agradecimento* por todo o *esforço* feito por aquela mãe para que a filha "pudesse estar naquele lugar". A felicidade exacerbada da mãe, que chorava no decorrer da mesa, demonstrando todo seu orgulho, afetou a todos que compartilharam aquele momento. Levar a mãe ou a família a um evento como aquele era algo coletivamente defendido como uma maneira de também colocar *os seus* dentro da universidade, além de ser uma forma de "retribuição e agradecimento".

Pude presenciar momentos semelhantes em outros espaços. Durante a mesa de abertura do V Encontro Nacional de Negras, Negros e Cotistas da UNE (Enune),[36] em 2016, e do VI Enune, em 2019, os respectivos diretores da pasta de combate racial da UNE, que coordenavam o Encontro, levaram suas mães ao evento. Um encontro aconteceu três anos após o outro, mas a cena parecia ser exatamente a mesma. Sentadas na primeira fileira, nenhuma delas mostrava ter intimidade com aquele espaço. Além de ter sido dito por seus filhos que era a primeira vez que elas estavam na universidade na qual eles estudavam, ambas observavam cada detalhe ao redor de todo espaço que tinha sido preparado para a mesa de abertura, esforçavam-se para ler todas as bandeiras e cartazes pendurados e direcionavam os olhares curiosos

---

[36] Para uma descrição desse Encontro, ver: Lima (2020).

para os jovens com seus cabelos e roupas coloridas que circulavam, passando uma sensação, para os observadores de seus olhares, não só de estranhamento, mas também de muita curiosidade. Os dois diretores aproveitaram o momento de suas falas para agradecê-las pela presença, afirmando ser "por elas que estavam lutando". Ao fim, eles foram intensamente aplaudidos por todos os outros jovens negros universitários que ali estavam.

Além disso, em todos os momentos que pude observar a presença das mães, era relatado um desejo de *agradecimento*, mas também de apresentar a própria universidade. A ideia de "mostrar o que é, e o que se faz naquele lugar" era dita e compartilhada por diferentes atores, em diversas situações. Nas entrevistas e em conversas com estudantes negros, pude perceber que, por serem os primeiros de suas famílias a entrarem na universidade, esta que se apresentava como algo muito distante, mas como uma *coisa boa*, continuava sendo distante para toda a sua família e realidade local, mesmo após a entrada desses estudantes. Dessa forma, levar a mãe à universidade se apresenta como uma forma de conexão entre *dois mundos*: o "mundo de origem", no qual esse estudante foi criado, e o "mundo da universidade", para onde ele adentra após a matrícula. Além disso, a presença da mãe também aproxima o "mundo de origem" ao "mundo da universidade" em uma via de mão dupla: as mães conhecem o "mundo da universidade"; os colegas da universidade são apresentados ao "mundo de origem" de quem leva a mãe.

Entretanto, vale ressaltar que há uma escolha afetiva dos lugares e momentos que as mães são levadas ao "mundo da universidade". Essa mãe não é apresentada a mesma universidade que seu filho conheceu ao entrar. Ela chega em um momento em que mostra a conquista desse filho e em espaços considerados seguros. Além disso, a presença da mãe é parte dos *agradecimentos* dos filhos, mas é também uma presença que constitui o fazer militante, que reforça a legitimidade das pessoas em "fazer a luta". É uma presença afetiva e política. As mães são figuras importantes na trajetória das pessoas e leva-las para a universidade é também um modo de materializar os passos dessa trajetória em um corpo, emocionado, que está lá para conhecer mais sobre esse outro mundo frequentado pelos filhos. O momento de levar a mãe à universidade também é realizado como uma forma de validação da *experiência* e apresentação da *ancestralidade*, que oferece uma legitimidade política desses sujeitos.

Contudo, para os outros estudantes negros LGBTQIAP+, entrar na universidade também representa uma maior *liberdade sexual* e autocompreensão de suas próprias sexualidades. Em todas as entrevistas com LGBTQIAP+, eles narram o momento após entrada na universidade como uma *libertação da sexualidade*. Dessa forma, o "mundo de origem" aparece como o "lugar da repressão", em que não podiam se descobrir ou ser descobertos como LGBTQIAP+. Em contrapartida, o "mundo da universidade" aparece como *libertador* no qual se descobre "sobre si e sobre a sexualidade", como afirmou um dos interlocutores em entrevista.

A comparação dos encontros organizados pelo movimento negro (como as Jornadas ou o Enune) com os espaços e reuniões dos coletivos de diversidade sexual e de gênero se faz, aqui, relevante. Embora nesses também houvesse a centralidade da mãe por parte dos militantes negros, a mãe em si não estava presente nos espaços. Em todo o trabalho de campo desde o mestrado com o Encontro Nacional Universitário de Diversidade Sexual (Enuds), nunca observei cenas como as descritas anteriormente, em que alguma mãe era convidada por sua filha ou filho a acompanhar uma mesa de discussões. Como participante do Enuds, levar minha mãe ao Encontro ou a algum evento paralelo nunca foi uma opção, assim como observo não ser para os meus interlocutores negros LGBTQIAP+ desses espaços.

Aqui nos vale uma breve apresentação desse Encontro. O Enuds surgiu em 2003 e teve sua última edição em 2016. O encontro era realizado em universidades públicas e percorreu todas as regiões do Brasil. As edições contavam com a presença de mais de 700 participantes e convidados do movimento LGBTQIAP+ brasileiro. Dada sua longa trajetória o Enuds é considerado um marco no movimento LGBTQIAP+ no país (Lima, 2016).

Dada essas características, o único momento em que pude observar a presença da família no Enuds foi na Plenária Inicial da XI edição (2013), em Matinhos, Paraná, na qual o pai de Lucas Fortuna, um jovem organizador do Encontro que fora assassinado no ano anterior (2012), esteve presente para receber uma homenagem. Vestindo uma camiseta com a foto de Lucas e os escritos *Homofobia mata!*, o pai de Lucas proferiu uma fala associando o caso de seu filho à homofobia e dizendo "agora estou junto na luta com vocês, para continuar a luta do meu filho". Apesar de ser uma figura masculina, o pai de Lucas se apresentava como parte do grupo Mães Pela Diversidade, movimento de *mães de LGBTs* em que ele disse ter o *acolhido* após o assassinato de seu filho. Mesmo contando com a participação de muitos pais, a ideia de "lutar como uma mãe" é constitutiva desse movimento.[37] Desse modo, nos espaços LGBTQIAP+, a figura da mãe se faz presente "performatizada" e no compartilhamento da dor e da perda (Butler, 2018).

Durante a etnografia realizada no KIU!, coletivo de diversidade sexual majoritariamente formado por negros da UFBA, pude perceber que eles chamam a si mesmos de *pais, mães, avós e irmãos*. *Avós* normalmente são jovens identificados como a geração mais antiga e não mais atuante. Por sua vez, *pais* e *mães* são os que seriam também da geração mais antiga, porém ainda atuantes. Já os *filhos* e *irmãos* são os integrantes da geração

---

[37] Cada vez mais, trabalhos recentes estão sendo produzidos acerca desse coletivo. Kaito Novais (2017) traz em sua etnografia sobre esse movimento a figura do pai de Lucas, para afirmar que as noções de maternidade são cernes dessa organização, independente da figura que a representa.

mais recente. Nesse contexto, a figura dos *pais* e *mães* não correspondem, obrigatoriamente, à identidade de gênero, ou seja, uma *bicha* pode ser mãe de outra *bicha*, por exemplo. Entretanto, a figura da mãe era muito mais comum que a do pai. Ser mãe significava que essa pessoa teria uma responsabilidade de cuidado para com esse filho, que também via essa mãe como uma figura de respeito, no processo de aprendizado político, mas também como uma pessoa de *segurança*. Assim, pela impossibilidade vista de compartilhar com sua "mãe de origem" o cotidiano da vida, a "mãe da universidade" toma esse lugar. Sendo ela que passa a ser chamada para compartilhar as conquistas e são levadas para o momento de falas públicas, apresentação de trabalhos e qualquer outra situação de conquista desses estudantes.

Entretanto, destacamos que tanto a "mãe de origem" como a "mãe da universidade", que é levada a compartilhar esses momentos, é uma mãe negra. Assim, como a figura da mãe é colocada como esse primeiro posto de construção da identidade racial e do *lugar de cuidado*, a mãe branca toma um outro lugar quando surge nas narrativas.

Nesse sentido, podemos observar a partir das cenas e narrativas que a mãe, "performada" de diferentes formas é acionada tanto nos momentos de celebração quanto de sofrimento. Dessa maneira, um conjunto de trabalhos que se encontram no campo de reflexão acerca de gênero e violência se dedicam, através das etnografias, a refletir sobre a centralidade da persona da mãe na luta dos movimentos sociais. Adriana Vianna e Juliana Farias (2011), em trabalho com o movimento de "mães" que perderam seus filhos mortos por "agentes de Estado",[38] argumentam como que no processo de defesa dos "casos" de seus filhos a "mãe" é a figura central, ao mesmo tempo performada, que encarna a dor universalmente inteligível. Em sua tese, Roberto Efrem Filho (2017), a partir de um caso de violência sexual que reverbera como ato no movimento social, apresenta como o movimento pela ação política performa a "mãe":

> As convenções, sobretudo de gênero, que conformam a ideia de "mãe", da personagem que encarna o trabalho de cuidado que pode ser levado ao extremo, principalmente se os sinais do sofrimento intraduzível e incomparável estiverem suficientemente à vista, são o que deve ser estetizado e experienciado em público. Nesse processo de maternagem da ação política, os sujeitos se mobilizam entre a reafirmação de convenções de gênero e a disrupção dessas mesmas convenções (Efrem Filho, 2017, p. 201).

Com isso, Efrem Filho afirma que a "maternagem da ação política não reproduz dominação", mas opõe o "manifestante a qualquer conjectura de passividade". Apesar dos trabalhos citados anteriormente apresentarem

---

[38] O termo "agentes do Estado" é usado pelas autoras para marcar que as execuções dos jovens negros foram realizadas por policiais militares e do Exército, muitas vezes, no exercício de suas profissões.

essa reflexão a partir de situações de violência, a "materna-gem da ação política" se reproduz também em momentos de celebração e conquistas como os descritos nas cenas de campo. Contudo, a partir das cenas e das narrativas podemos observar a diferença de quem "performa a ma-ternagem" a depender das identidades dos filhos. A partir das entrevistas, pude perceber que na narrativa de todos os interlocutores que se identificam como heterossexuais, a "mãe de origem" toma a centralidade, assim como apre-sentado no início desta seção, e é levada, muitas vezes, para dentro da universidade, quando esta compartilha a mesma identidade racial. Em outra medida, no conjunto dos interlocutores LGBTQIAP+, a figura da "mãe de origem" como principal incentivadora dos estudos, surge nas narrativas de alguns apenas no período pré-universi-dade. Outro ponto é perceber como as mães de religião *evangélica* somem nas narrativas positivas e só surgem no conjunto para marcar a origem evangélica, vista como negativa, antes de entrar na universidade.[39]

Por fim, em conjunto com a bibliografia acerca da "maternagem da ação política", Natalia Lago (2019) reflete acerca dessa construção a partir de "mãe e fami-liares" de presos, de uma associação chamada Amparar. A autora levanta a hipótese que:

---

[39] As informações da religião das mães foram retiradas das entrevistas. A marcação da religião das mães surgiu apenas nas narrativas de Doss, Azula e Aiye, que relataram a dificuldade de viverem sua sexualidade como *bichas pretas* por serem de *famílias evangélicas*.

> Minha hipótese era a de que as integrantes da Associação Amparar mobilizariam atributos de gênero ao buscar legitimidade às suas pautas e à sua ação política, dando relevância à importância das mães e, em última análise, da família e dos afetos na produção de um discurso ativista (Lago, 2019, p. 12).

Nesse sentido, à luz de Lago, podemos refletir que no caso dos estudantes negros, por entender a autoridade moral que os atributos de gênero e a legitimidade da mãe oferecem para as pautas e lutas políticas, no campo, em vez de a mãe se colocar, ela é colocada pelos seus filhos como meio de legitimar um discurso ativista. Ou seja, como seus filhos podem falar por si, por estarem vivos ou em liberdade, a mãe continua tendo o mesmo papel apontado pelas autoras, mas aqui a figura da mãe é levada e construída pelo filho, e não por si mesma, na luta política.

A luz de bell hooks (2000) e Gomes (2017), proponho então compreendermos o ato de levar a mãe à universidade como uma "fuga" da *solidão* e, por conseguinte, como uma forma de amor, ou seja, de *afeto*, que se torna um saber e assim produz efeitos subjetivos e políticos. A partir de diálogos entre mães e filhas, hooks apresenta como a repressão das emoções foi um meio de sobrevivência para a população negra, mas só quando "nos amamos, desejamos viver plenamente" (hooks, 2000, p. 3). Dada essa repressão, os negros "aprenderam a seguir seus impulsos somente em situações de grande necessidade e esperar por um momento 'seguro' quando seria possível expressar seus sentimentos" (hooks, 2000, p. 2). Assim, a mãe, que só é levada para a universidade após a construção de um *espaço seguro*, abre a possibilidade de expressão dos sentimentos nos *dois mundos* – "da universidade e de origem" –, e essa possibilidade de diálogo como uma busca do "viver plenamente".

Isso posto, apesar de não ser colocada como uma marcação de diferenciação, o ato de levar a mãe à universidade me saltou aos olhos, principalmente, no momento em que eu decido levar a minha mãe. Assim, a mãe surge incialmente nas narrativas como razão para se resistir à *solidão* e como *responsabilidade* para a ação política. Nesse sentido, é após a inserção política e com a preparação de um *espaço seguro*, onde irá se compartilhar um momento de conquista e reconhecimento, que essa mãe é levada para a universidade. Assim, o ato de levar a mãe – no processo de "maternagem da ação política" – conecta os dois mundos desse universitário negro.

Além disso, essa mãe negra pobre valida a *experiência* e legitima sua mobilização no ativismo e na produção de pautas desses jovens em luta, que, de certo modo, articulam a sacralidade da figura da mãe, o sofrimento e a violência. Em contrapartida, nos encontros como o Enuds, o compartilhamento da identidade racial não basta. Desse modo, o movimento social performa a mãe, tanto no compartilhamento de conquistas – quando se leva a mãe do KIU! para apresentação de trabalho, por exemplo – como de sofrimento, quando se compartilha, junto com o pai, a perda de um companheiro de militância.

Considerações finais

Ao concluir este livro, volto o olhar para tudo o que foi compartilhado e construído ao longo da pesquisa realizada, reconhecendo que o processo de transformação abordado não se limita a mudanças das vidas aqui narradas, mas revela também uma revolução contínua e coletiva. A defesa das experiência e dos afetos, moldurada pela teoria política de mulheres negras, surge como uma forma de resistência e reconstrução que desafia não apenas as estruturas acadêmicas, mas também o conceito de intelectualidade e fazer política no Brasil.

Este texto é, acima de tudo, um testemunho sobre como o espaço universitário, historicamente excludente, pode se tornar um palco para a criação de novos repertórios de resistência. Tal entrada desencadeia um processo de "tornar-se negro" no espaço acadêmico, uma experiência que redefine não só as percepções de identidade individual e coletiva, mas também a própria estrutura institucional que, por tanto tempo, foi alheia à pluralidade de vivências negras e periféricas.

No processo de "tornar-se negro na universidade", os sujeitos exploram suas experiências e transformam o silêncio em linguagem e a linguagem em ação. Esse processo revela como a interseccionalidade opera como essencial para a interpretação das vivências que aqui se desenrolam. Essas vivências são também espaços de contestação. Os afetos, tradicionalmente negados ao longo da construção histórica das subjetividades negras, emergem aqui como elementos de ação política, reforçando a ideia de que o amor e o cuidado são, eles mesmos, recursos essenciais para a construção de uma resistência coletiva. O afeto aqui não é apenas uma emoção, mas um guia para a luta pela sobrevivência e pela transformação. A transformação do afeto em linguagem e ação política nos desafia a ver que o "bem viver" que orienta as mulheres negras é uma forma de insurgência contra o sistema que nega sua humanidade.

O afeto, em sua dimensão política, também reorganiza os coletivos, que se tornam espaços de acolhimento, segurança e transformação. É na companhia dos *seus* que esses sujeitos encontram um "lugar confortável" para compartilhar dores e conquistas, consolidando um sentido de pertencimento que vai além do indivíduo. O coletivo surge como o lugar em que a dor é validada e o cuidado é partilhado, e é esse sentido de comunidade que fortalece o ato de "reexistir" no espaço universitário, um local onde o racismo, o machismo, a LGBTQIAP+fobia e as opressões de classe são confrontados cotidianamente.

A luta contra o epistemicídio, que é simultaneamente uma luta pela produção de conhecimento e pelo direito à existência, revela-se ao longo deste trabalho não apenas como uma bandeira política, mas também como uma condição para a construção de uma identidade intelectual negra. As referências ao feminismo negro e às vozes de autoras negras brasileiras e internacionais articulam uma crítica profunda ao racismo estrutural presente na academia. O reconhecimento da ausência de autores negros nos currículos e a consequente luta para modificar essa realidade representam uma estratégia de cura coletiva contra as marcas deixadas pelo racismo acadêmico.

Nesse sentido, a produção de conhecimento não se apresenta como um fim em si mesmo, mas como uma ferramenta para a cura e o fortalecimento da identidade coletiva. O epistemicídio, tão presente na narrativa dos sujeitos que lutam por reconhecimento e respeito, é confrontado com um movimento de criação de uma "nossa forma de fazer pesquisa", que reivindica o direito de se autoafirmar como produtores de saberes legítimos e autênticos.

Em um espaço marcado pela distância, tanto simbólica quanto material, entre os "mundos de origem" e o mundo acadêmico, vemos surgir a prática de levar a mãe para a universidade, uma ação simbólica e performática que aproxima mundos, legitima trajetórias e inscreve um agradecimento profundo às figuras maternas negras, sempre centrais nas narrativas de resistência e sobrevivência. Levar a mãe de origem ou a mãe da universidade, no caso dos LGBTQIAP+, materializa o quanto essa revolução político-epistêmica se espraia ao nível do cotidiano e das relações mais simples e centrais, como a familiar.

Em última análise, as experiências aqui relatadas transcendem as vivências individuais dos sujeitos e se transformam em marcos de uma revolução política-epistêmica. Essa transformação revela uma universidade que, ainda que lentamente, é redesenhada pela presença desses jovens, cujas histórias, antes invisíveis, agora ocupam espaços e produzem novos discursos. É nessa troca de afetos, nesse processo de reconhecimento e afirmação da própria história, que esses estudantes transformam a universidade e, ao fazê-lo, redefinem os contornos da intelectualidade e da ação política no Brasil.

Por fim, reafirmo que esta obra é um convite para que todas as leitoras e os leitores compreendam a profundidade do afeto como força política e epistemológica. As narrativas, impregnadas de amor, raiva, resistência e celebração, constroem um legado que desafia a academia a ser mais inclusiva, mais humana e mais comprometida com a diversidade das experiências. Assim, encerro este trabalho com a certeza de que as transformações abordadas aqui continuam guiadas pelo afeto e pela luta por um lugar no qual todos possam, enfim, "viver plenamente", e não apenas sobreviver.

Agradecimentos

Livros normalmente não têm agradecimento, mas este tem origem em uma tese e, aqui, gostaria de registrar e agradecer. As palavras escritas neste trabalho foram envolvidas em muito afeto e muito cuidado coletivo. Aqui, além de agradecer às pessoas, as quais, sem elas, este trabalho não existiria, gostaria de marcar que não é fácil para ninguém e esses trabalhos só saem com muita ajuda e colo, e isso eu tive.

Agradeço a todos os meus professores, em especial: a Regina Facchini e Sergio Carrara pelas orientações que me fizeram tornar-se doutora. À professora Nilma Lino Gomes, pelo convite e por tornar a tese e este livro possível.

Falar de cuidado no tempo em que estive em Campinas é falar de todos do Núcleo de Consciência Negra da Unicamp. Eu, perdida, encontrei vocês e fui muito bem acolhida. Não tenho palavras para descrever o agradecimento que tenho. Além de terem me ensinado e compartilhado comigo o cotidiano da política, agradeço por terem permitido que fizesse desses nossos momentos também cadernos de pesquisa. Sem vocês, além de não saber se conseguiria ter passado por tantos dias difíceis na universidade, com certeza este trabalho não existiria.

Muito obrigada: Bruno Nzinga, Taina Santos, Milena Oliveira, Leticia Pavarina, Teófilo Reis, Carolina Pinho, Anselma Sales, DuKid, Helen Aguiar, Vitor Santos e Stefany Izidro.

As mesmas palavras podem ser colocadas para agradecer a todo povo da Frente Negra da Universidade Estadual do Rio de Janeiro (UERJ): Aiye Ti Eso, Azula, Grazielle Vasconcellos, Suzan Stanley e Luane Santos. Eu cheguei buscando por vocês e fui recebida com as melhores disposições do mundo. As falas não são apenas "dados de campo", elas representam o que nós acreditamos juntos: no cuidado coletivo.

Sair de Campinas e ir para Salvador foi quase a realização de um sonho. Este trabalho nunca teria sido escrito desse jeito se não fosse por vocês. O livro é dedicado a ele, porque é dedicado a vocês. A todo o KIU!, em especial: Rebeca Benevides, Tifanny Conceição. Samira Soares e Jamile Carvalho.

As pessoas que fazem dar sentido a palavra "amizade". Sem dúvida, esse processo não existiria sem vocês e, para não nomear e me perder, agradeço aos nossos lugares: aos meus eternos de Salvador, Campinas e São Paulo, aos que trago desde a graduação, aos que tenho desde a escola, as que conheci na luta e ao meu bonde.

A toda a família Pereira e Lima por me fazer crescer e a minha Egbe, que me fez renascer.

Este livro fala sobre trajetória, afetos e família e encerro agradecendo a minha. Agradeço à minha irmã Beatris Lima. Você me acalma, me irrita e me ensina a ser mais cuidadosa com as pessoas. Rodinei Lima e Marlucia Lima ou Puscão e Musca, obrigada. Vocês me ensinaram que se não está bom para todo mundo é porque tem alguma coisa errada. Vocês são donos dos melhores colos que eu poderia receber. Eu amo e tenho orgulho de onde vim porque tenho vocês. De Austin para o mundo. A Julia Zanetti, minha esposa, agradeço pela vida. Compartilhar e viver a vida com você é leve. Obrigada por estar e que nossos bom-dia e boa-noite sejam eternos. Te amo.

Referências

Anzaldúa, Gloria. La conciencia de la mestiza: rumo a uma nova consciência. *Revista estudos feministas*, v. 13, p. 704-719, 2005.

Bento, Cida. *O pacto da branquitude*. São Paulo: Companhia das Letras, 2022.

Brah, Avtar. Diferença, diversidade, diferenciação. *Cadernos Pagu*, n. 26. p. 329-376, 2006.

Brooke, Nigel; Soares, José Francisco. *Pesquisa em eficácia escolar*: origem e trajetórias. Belo Horizonte: Editora UFMG, 2008.

Butler, Judith. *Corpos em aliança e a política das ruas*: notas para uma teoria performativa de assembleia. Tradução de Fernanda Siqueira Miguens. Rio de Janeiro: Civilização Brasileira, 2018.

Butler, Judith. *Problemas de gênero*: feminismo e subversão da identidade. Tradução de Renato Aguiar. Rio de Janeiro: Civilização Brasileira, 2010.

Caixeta, Bianca Aparecida dos Santos. *Movimento negro universitário: um olhar decolonial sobre afetos, trajetórias e a organização política dos grupos/coletivos negros na Universidade de Brasília*. Monografia (Bacharelado em

Sociologia) – Departamento de Sociologia, Universidade de Brasília, Distrito Federal, 2016.

Carneiro, Sueli. *A construção do outro como não-ser como fundamento do ser.* 2005, 340 f. Tese (Doutorado em Filosofia da Educação) – Faculdade de Educação, Universidade de São Paulo, São Paulo, 2005.

Carvalho, José Jorge de. *A política de cotas no ensino superior:* ensaio descritivo e analítico do Mapa das Ações Afirmativas no Brasil. Brasília: Instituto de Inclusão no Ensino Superior e na Pesquisa, Universidade de Brasília, 2016.

Carvalho, Maria Eulina Pessoa. Modos de educação, gênero e relações escola-família. *Cadernos de pesquisa*, v. 34, n. 121, p. 41-58, 2004.

Collins, Patricia Hill. *Pensamento feminista negro:* conhecimento, consciência e a política do empoderamento. São Paulo: Boitempo, 2019.

Crenshaw, Kimberlé W. Documento para o Encontro de Especialistas em Aspectos da Discriminação Racial relativos ao Gênero. *Estudos Feministas*, v. 10, n. 1. p. 171-188, 2002.

D'Alva, Roberta Estrela. Um microfone na mão e uma ideia na cabeça – o poetry slam entra em cena. *Synergies Brésil*, n. 9, p. 119-126, 2011.

Davis, Angela. *Mulheres, raça e classe*. São Paulo: Boitempo, 2016[1981].

Efrem Filho, Roberto. *Mata-mata: reciprocidades constitutivas entre classe, gênero, sexualidade e território.* Tese (Doutorado em Ciências Sociais) – Instituto de Filosofia e Ciências Humanas, Universidade Estadual de Campinas, Campinas, 2017.

Facchini, Regina; Carmo, Íris; Lima, Stephanie. Movimentos feminista, negro e LGBTI no Brasil: sujeitos, teias e enquadramentos. *Educ. Soc.*, Campinas, v. 41, 2020.

Fanon, Frantz. *Os condenados da terra*. 2. ed. Rio de Janeiro: Civilização Brasileira, 1979.

Fanon, Frantz. *Pele negra, máscaras brancas*. Salvador: Edufba, 2008.

Faustino, Deivison Mendes. *"Por que Fanon? Por que agora?": Frantz Fanon e os fanonismos no Brasil.* Tese (Doutorado em Sociologia) – Universidade Federal de São Carlos, Instituto de Filosofia e Ciências Humanas, São Carlos, 2015.

Figueiredo, Ângela. Perspectivas e contribuições das organizações de mulheres negras e feministas negras contra o racismo e o sexismo na sociedade brasileira. *Revista Direito e Práxis*, v. 9, n. 2, p. 1080-1099, 2018.

Gomes, Nilma Lino. *O movimento negro educador*: saberes construídos na luta por emancipação. Petrópolis: Vozes, 2017.

Gomes, Nilma Lino. O movimento negro no Brasil: ausências, emergências e a produção dos saberes. *Política & Sociedade*, v. 10, n. 18, p. 133-154, 2011.

Gomes, Nilma Lino. *Sem perder a raiz*: corpo e cabelo como símbolos da identidade negra. Belo Horizonte: Autêntica, 2019.

Gonzalez, Lélia. Racismo e sexismo na cultura brasileira. *In*: Silva, L. A. *et al*. Movimentos sociais urbanos, minorias e outros estudos. *Ciências Sociais Hoje*. ANPOCS, n. 2, p. 223-244, 1983.

Holanda, Maria Auxiliadora. *Tornar-se negro: trajetórias de vida de professores universitários no Ceará*. Tese (Doutorado em Educação) – Universidade Federal do Ceará, Fortaleza, 2009.

hooks, bell. Alisando o nosso cabelo. *Revista Gazeta de Cuba* – Unión de escritores y artista de Cuba, 2005.

hooks, bell. Intelectuais negras. *Estudos Feministas*, ano 3, p. 464-478, 1995.

hooks, bell. Vivendo de amor. *In:* Werneck, Jurema; Mendonça, Maisa; White, Evelyn C. *O livro da saúde das mulheres negras*: nossos passos vêm de longe. 2. ed. Rio de Janeiro: Pallas, 2000. p. 188-198.

Lago, Natália. *Jornadas de visita e de luta: tensões, relações e movimentos de familiares nos arredores da prisão*. Tese (Doutorado em Antropologia) – Universidade de São Paulo, Departamento de Antropologia da Faculdade de Filosofia, Letras e Ciências Humanas, São Paulo, 2019.

Lima, Márcia. Ações Afirmativas e juventude negra no Brasil. *Cadernos Adenauer*, v. 16, n. 1. p. 27-43, 2015.

Lima, Márcia; Prates, Ian. Emprego doméstico e mudança social: Reprodução e heterogeneidade na base da estrutura ocupacional brasileira. *Tempo Social*, v. 31, n. 2. p. 149-172, 2019.

Lima, Stephanie. *"A gente não é só negro!": Interseccionalidade, experiência e afetos na ação política de negros universitários*. Tese (Doutorado em Ciências Sociais) –Instituto de Filosofia e Ciências Humanas, Universidade Estadual de Campinas, Campinas, 2020.

Lima, Stephanie. *As bi, as gay, as trava, as sapatão tão tudo organizada pra fazer revolução! Uma análise sócio-antropológica do Encontro Nacional Universitário da Diversidade Sexual (Enuds).* Dissertação (Mestrado em Saúde Coletiva). Universidade do Estado do Rio de Janeiro, Rio de Janeiro, 2016.

Nascimento, Abdias. *O Brasil na mira do pan-africanismo.* Salvador: Edufba, 2002.

Nascimento, Abdias. *O genocídio do negro brasileiro processo de um racismo mascarado*: processo de um racismo mascarado. São Paulo: Paz e Terra, 1978.

Novais, Kaito. Falas de dor, abraços de celebração: notas etnográficas sobre o movimento mães pela diversidade. *Comunicação Oral.* 13º Mundo de Mulheres e Fazendo Gênero 11.

Richer, Rodger. *A negritude e a une: a presença negra e sua influência no movimento estudantil brasileiro (2007 a 2017).* Monografia (Graduação em Ciências Sociais) – Universidade Federal da Bahia, Salvador, 2017.

Richer, Rodger. *A UNE e a questão racial (1995-2016).* Dissertação (Mestrado em Ciências Política) – Universidade Estadual de Campinas, Campinas, 2020.

Rios, Flávio. *Elite política negra no Brasil.* Tese (Doutorado em Sociologia) – Faculdade de Filosofia, Letras e Ciências Humanas, Universidade de São Paulo, São Paulo, 2014.

Rios, Flávio. *Institucionalização do movimento negro no Brasil Contemporâneo.* Dissertação (Mestrado em Sociologia). Faculdade de Filosofia, Letras e Ciências Humanas, Universidade de São Paulo, São Paulo, 2008.

Silva, Gleicy Mailly da. Corpo, política e emoção: feminismos, estética e consumo entre mulheres negras. *Horizontes Antropológicos*, v. 54, p. 173-201, 2019.

Silva, Taina Santos. Análise da legislação sobre trabalho, trabalhadores livres e libertos no Brasil oitocentista (1836-1885). *In: II Seminário Internacional Histórias do Pós- Abolição no Mundo Atlântico – 130 anos da abolição no Brasil.* Caderno de programação e resumos. Rio de Janeiro: FGV, 2018.

Snow, David; Benford, Robert. Master frames and cycles of protest. In: Morris, Aldon; Mueller, Carol McClurg (Eds.). *Frontiers in social movement theory.* New Haven: Yale University Press, 1992. p. 133-155.

Souza, Neuza Santos. *Tornar-se negro*: as vicissitudes da identidade do negro brasileiro em ascensão social. Rio de Janeiro: Graal, 1983.

Sousa, Vânia Luisa Freitas de. *Organizações governamentais e não governamentais na orientação de crianças e adolescentes oriundos da exclusão social, na cidade de Salvador, no triênio 2002 a 2004 um estudo de caso: a Fundação Cidade Mãe.* Monografia (Graduação em Ciências Econômicas) – Universidade Federal da Bahia, Salvador, 2005.

Spivak, Gayatri. *The Post-Colonial Critic*: Interviews, Strategies, Dialogues. Londres; Nova York: Routledge, 1990.

Vianna, Adriana; Farias, Juliana. A guerra das mães: dor e política em situações de violência institucional. *Cadernos Pagu*, v. 37, p. 79-116, 2011.

Werneck, Jurema. Racismo institucional e saúde da população negra. *Saúde e Sociedade*, v. 25, p. 535-549, 2016.

Este livro foi composto com tipografia Adobe Garamond Pro e
impresso em papel Off-White 80 g/m² na Formato Artes Gráficas.